ラク家事の極意

掃除・洗濯・料理からの解放

ラク家事プロデューサー
辻 博文　辻 友美子

栄光出版社

目次

第4章　洗濯を楽チンにする　79

第5章　料理を楽チンにする　106

第6章 ちょっとしたことが家事時短につながる 164

第7章　新築やリフォーム時に考えたい家事時短の間取り　179

第8章　家事時短の効果　195

ラク家事の極意

掃除・洗濯・料理からの解放

はじめに

こんにちは。毎日がものすごく忙しいお母さんを応援する辻　博文と妻の友美子でございます。すでに前作の「自宅が一流ホテルに大変身！」を読んで頂いた方も多くおられると思います。

今回の本は、その続編である家事時短の本です。しかし、別の本であるからといって全く独立した本ではありません。日常の家事の中で、片づけを終わらせてから、その次に家事を楽にするための本です。

本書を読まれる場合は、前作の「自宅が一流ホテルに大変身！」に続いて読まれるのが最も効果が出ると思っています。家事の時短をイメージされて片づけをしながら、本書を読まれるのが良いと思っています。

また、初作の「ものづくりの改善がものすごく進む本」（明日香出版社）を読まれると、ものづくりでの改善の効果がよく分かり、家事での効果がより理解が深まると思いますので、同時に読まれることをお勧めします。皆さんの中ではそれを読まれると独自のアイディアが湧いてくるかも知れません。

そこで、「ものづくりの改善がものすごく進む本」の5Sの内容を家事に取り入れたものが「自宅が一流ホテルに大変身!」であり、「ものづくりの改善がものすごく進む本」の作業改善の内容を家事に取り入れたものが本書の「ラク家事の極意」です。

私たち夫婦は、片づけを完了して一流ホテルのような部屋を手に入れた後は、続いて掃除、洗濯、料理などの家事について改善を重ねてきた結果、妻の家事のために使っていた時間がものすごく減ったことを実感しています。

その減った時間は趣味などの時間に有効に使われています。私たちも本当にビックリしています。こんなに効果があるものかと。

ものづくりでは、改善のベースである整理・整頓を完了させ、その後から各工程の作業を改善して最終的に会社の経営に貢献することで、どこにも負けない強いものづくりをする会社になります。整理・整頓無しに経営に貢献することはあり得ません。高価な機械を導入して早く製品を作るだけではダメなのです。

家事も全く同じであり、家事のベースである片づけを完了させ、その後から掃除、洗濯、料理などの家事の作業を改善して、最終的にお母さんの毎日の家事に使う時間が減って、浮いた時間を趣味などの有効な時間に使い、有意義な人生を送れるようにすることです。ここでも片づけ無しに家事が楽になることはあり得ないと思っています。

以上のことは、賃金がものすごく安いアジアのものづくりに対抗して、青森から福岡までの国内の会社を数社改善指導してコストでも勝った私が、片づけや掃除、洗濯、料理の家事全般を実際に行って導いた結論です。

この本を読まれている皆さんは、今までにいろいろな書物で片づけや家事時短を勉強されたけれど、全く片づいていない、全く家事が楽にならないと思われている方が多いと思いますが、私から見れば、皆さんが正しい片づけや家事時短ができなかったことに尽きると思っています。つまり、良い教科書に巡り合えなかったと。

なぜ、多くの片づけ本や家事時短本が書店に並んでいるのかを考えてみました。つまり、片づけや家事時短ができない人が多くいるので、次から次へと片づけ本、家事時短本として別々の新しい本が別々の著者から出版されているのです。

ものづくりでは、整理・整頓がベースになって、各工程を改善して経営に貢献しています。一人の改善の指導者が整理・整頓から入って各工程を改善していきます。

しかし、家事では片づけも家事の一部でありながら片づけだけが独立しています。片づけ専門の著者は片づけだけの本を書いており、家事時短専門の著者は家事時短だけの本を書いています。

片づけがベースとなって家事時短が存在しますが、一貫して書ける人や分かった人がいないようです。皆さんはバラバラに書かれた本で勉強されてバラバラに試みるのでいつまで経っても家が片づかず、家事が楽にならないので、同じような本がまた出版されて、またその本を読んでいるというようなことが繰り返されているのではないでしょうか。

そのような状況の中で、日本初の夫婦の著者が片づけ⇒家事時短の一貫した本を同一出版社から続けて出版し、皆さんに正しい方法を学んで頂いて家事の時短を実現し、良い家庭を築いて有意義な人生を送って頂きたいと思っています。

「自宅が一流ホテルに大変身！」と「ラク家事の極意」のこの2冊の本を読まれて実践されれば、これまで家の中が散らかっていて家事に時間を取られ、毎日がものすごく忙しかった皆さんにも漸く笑顔が見えて家族全員がハッピーになると思います。

私たち夫婦の願いはたった一つです。日本中のお母さんたちが1日も早く現在の片づけごっこや家事時短ごっこを卒業して、早くこの正しい方法を学んで実践されることを願っています。

皆さんが1日も早くこの方法を実践され、皆さん並びにご家族の幸せに少しでも貢献できましたら光栄です。

日本初！　ラク家事プロデューサー

辻　博文

辻　友美子

第1章　家事時短の前に片づけを終わらせる

ここでは家事時短に入る前に片づけを終わらせることを記載しています。ものづくりでは改善のベースになるのが整理・整頓ですが、家事時短のベースになるのは、ものづくりと同じように片づけになります。まず、片づけをシッカリ終わらせましょう。

1　家事時短のベースになるのが片づけ

皆さんは、片づけだけ、あるいは家事時短だけを別々に行って、どうもうまくいかないと思われていたのではないでしょうか。

実は、片づけと家事時短は大きな関連性があるのです。ものづくりの改善のベースになるのが整理・整頓と同じで家事も改善のベースになるのが片づけです。

そのため、家事が楽になることをイメージした片づけを行わなければ、ただきれいになっただけで終わってしまいます。皆さんの最終ゴールは家事をもっと楽にしたいということなのではないでしょうか。

不要なものを無くして、残った必要なものを行動範囲や使用頻度を考えて定位置化してこそ正しい片づけになります。巷の収納グッズなどに頼ったり、行動範囲や使用頻度を無視した片づけは家事時短を目指す皆さんは絶対に行ってはいけません。

前作の「自宅が一流ホテルに大変身！」を読まれてから続いて本書を読んで頂いている皆さんは、現在行っている片づけが正しい片づけなのかをもう一度確認して下さい。

もし、間違った片づけをしていたなら直ぐに改善しましょう。そして、片づけを終わらせてから本書の内容を実践して下さい。

何事もベースが肝心です。基礎が無いのに家は建てられません。家を新築する時の基礎と同じように片づけに集中して下さい。基礎をおろそかにすると家が傾いてしまいます。家を建てるにはシッカリとした基礎が必要です。

家事時短を始める前に片づけをシッカリ行って下さい。そうすれば、その後に続く家事時短は必ず効果があるものになります。

もう一度繰り返しますが、片づけを終わらせても、ものを探したりするムダな時間が無くなったと感じるまでは、家事時短の実践を控えて下さい。

2　正しい片づけを行う

皆さんは正しい片づけをご存知でしょうか。正しい片づけとは最終ゴールである家事時短をイメージした片づけです。それは家事時短に繋がる片づけです。つまり、家事のベースとなるものです。

ホームセンターなどで収納グッズなどを買って来てきれいに収納することではありません。このようなことを行っている限り、いつまでたっても家事が楽になることはありません。

不要なものを無くして必要なものを定位置化する。しかも、定位置化は行動動線上と使用頻度順に行うことです。つまり、使いやすい位置に置くということです。

不要なものを無くさずに収納ノウハウだけに頼るとムダは無くなりません。また、不要なものを無くしても必要なものを定位置化する時に行動動線と使用頻度を考えないで行うと、片づけはできてもムダが無くならないので、次の家事時短のステップに移れないのです。

正しい片づけを行って、これから学ぶ家事時短のアイテムを実践して初めて家事が楽になることを肝に銘じて下さい。

もう一度言いますと、不要なものを無くす整理、必要なものを行動動線や使用頻度を考えて定位置化する整頓。すでに片づけは終わったと思われている方は、これを再確認して下さい。

もし、できていないのなら、もう一度整理・整頓からやり直して下さい。後戻りするようですが、これが最終ゴールである家事時短を手に入れるための近道になりますので、手を抜かずにやりましょう。

3　片づけで知恵を出す習慣をつくる

前作の「自宅が一流ホテルに大変身！」でもしつこく言ってきましたが、片づけをお金を出してただ買ってくるのではなく、お金を出す前に知恵を出して自分たちで考えましょう。特にお子さんがいらっしゃるご家庭では、子どもと一緒に段ボール箱などで入れ物などを作ってみましょう。

ここで紹介するのは、ドライヤーとティッシュペーパーを壁掛けに改善する内容です。2

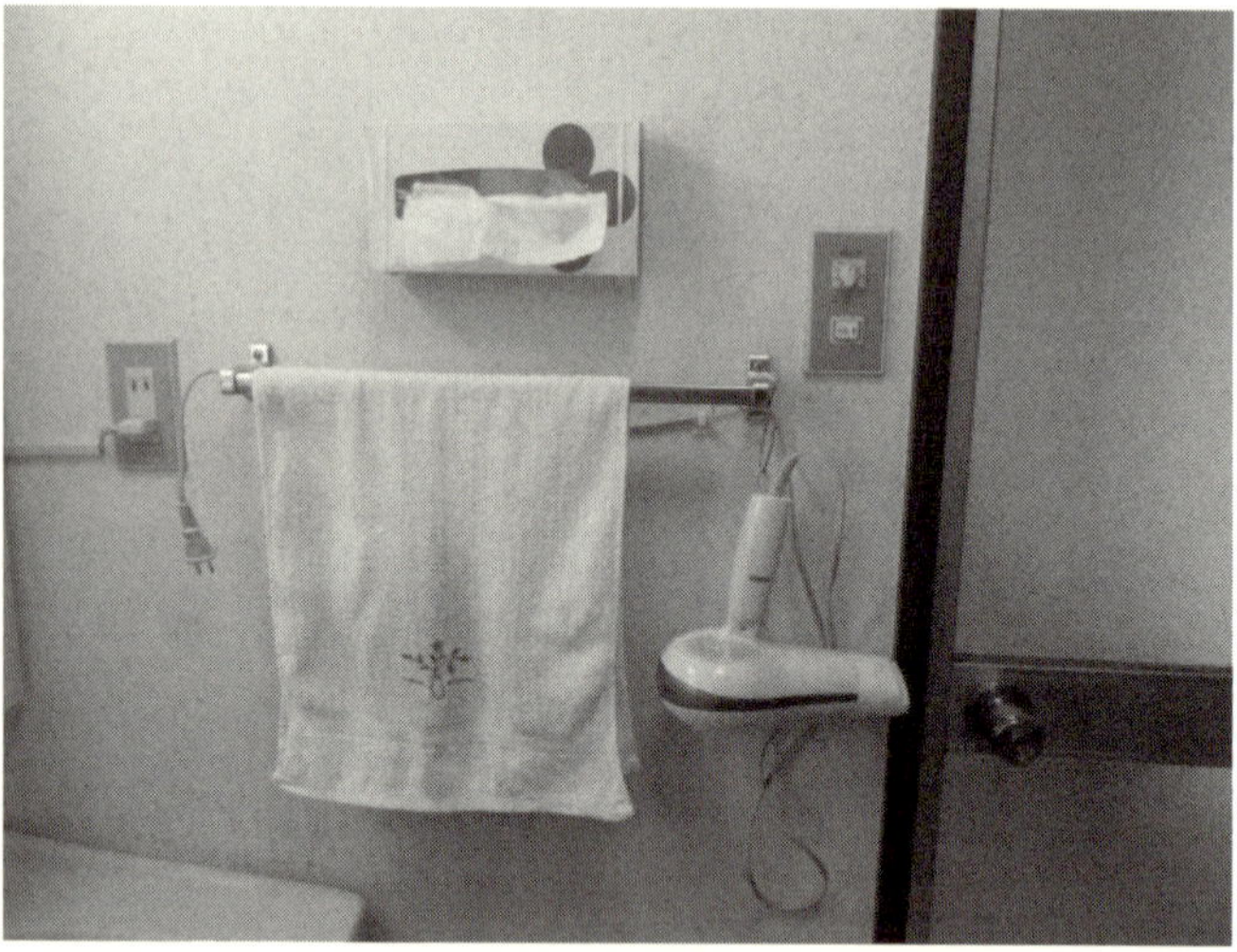

ドライヤーとティッシュペーパーを壁掛け。

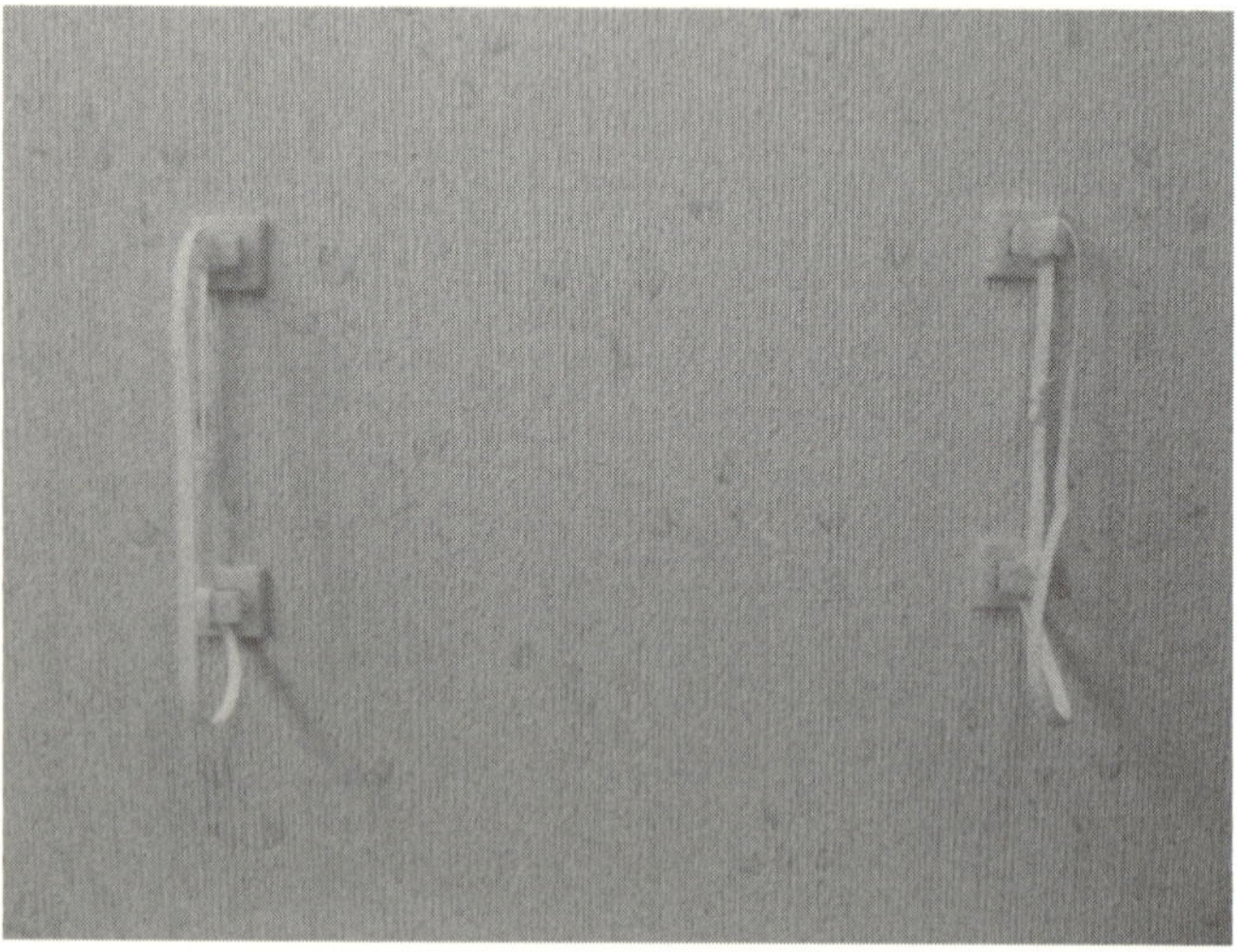

ティッシュペーパー取付具を自作。

おもちゃの梱包箱で作ったトイレ用タオル入れ。

孫に買ってやったおもちゃ。

つとも家の中にあったものを利用して作りました。特にティッシュペーパーは壁掛け用の取付具がどこでも売っていますが、あえて家の中にあった配線用コードクリップと裁縫用取り替えゴムで作ってみました。

お子さんにテーブルに置いてあるティッシュペーパーを壁に取り付けるにはどうしたらいいのと聞いてみましょう。そして、家の中にあるものを使ってやってみようと問いかけると子どもは面白がって取り組むと思います。片づけを通してお金をかけない教育ができます。

次はトイレ用タオル入れです。これは子どもの日に孫に買ってやったおもちゃの梱包箱で作りました。タオルとちょうど良い大きさであり、捨てる所なくそのまま使いました。孫が来た時におじいちゃんが作ったんだぞと自慢しようと思っています。孫も自分の家にあるおもちゃとそっくりのものがあるのを見て喜ぶと思います。

4　家中を片づける

これもものすごく大切なことです。特定の部屋だけを片づけても家事はそんなに楽にはなりません。家中を片づけた後に家事時短アイテムを実践していくと効果が出ます。

なぜ、家中の片づけが必要だと思いますか。

片づけと家事はものすごく関連性があり、例えば掃除であれば、特定の部屋だけの掃除にはなりませんね。必ず家全体の掃除をすると思います。その時に片づけが不十分であると掃除に余計な時間がかかるのです。掃除のためにものを移動させたりする時間です。

ものづくりでは特定の職場だけを改善しても部分最適になるだけであり、全体最適にならない限り会社全体での効果、つまり、経営に貢献しないのと同じですね。

会社での改善は経営に貢献しないと意味がありません。経営に貢献しないのなら改善はやらない方が良いのです。つまり、改善して浮いた人や時間で新しい製品を作ったりすれば良いのです。人や作業時間を増やさずに新しい製品を作って売れば利益が出ます。

とにかく、家中を片づけすることに集中します。まだ、家中の片づけが終わっていない方は、家中の片づけに専念して下さい。あせりは禁物です。中途半端に終わらせてから次のステップに進むと何もかも中途半端になって、「もう、やーめた」ということになりがちです。

家中の片づけを終わらせるだけでも、家事の時短にかなり効いてくることは我が家で証明済みです。かなり時短できます。特に掃除がものすごく楽になります。ここはあせらずにまず家中の片づけを終わらせましょう。

家中というと大変なようですが、各個人の部屋は家族に任せれば良いので、それほど時間がかかるものでもありません。家中とは家族の共用場所を指しますので余り大変だと思わないようにして下さい。近未来の楽チン家事のためには楽しく家中の片づけを終わらせましょう。

5　家の外周りを含めて完了させる

家の外周りも大切です。ものづくりでは工場の玄関を見れば工場の状態は想像がつきます。あまり他の人は見ませんが、工場の周りを見れば工場全体の想像がつきます。家の場合も全く同じですね。玄関を見れば家の中の状態、家の周りを見れば家全体の想像がつきます。我が家もそうであったように家の周りにものが一杯積んである家は、玄関も雑然としており、家の中もものが一杯の状態で散らかっていると思います。

我が家でも家の中を片づけていくうちに玄関が気になり始め、玄関を片づけたら、自然に家の外周りに目が向くようになりましたが、ものの多さにビックリして殆ど廃棄したことを思い出します。

乗らない単車、使っていない自転車のスタンド、車のタイヤ、車から取り外したステップ、使っていない植木鉢、溜めておいた新聞紙やチラシ、折り畳んだ段ボール箱などでした。これほどよく溜めたなと思い、片づけ始めました。

単車は直してエンジンがかかるようにしたら数万円で売れました。廃棄する前に売ることを考え、どうしても売れないのなら廃棄しましょう。それが賢い片づけです。売ることを考えると俄然やる気が出ます。

しかし、後で考えると冷や汗ものでした。溜めておいた新聞紙やチラシ、折り畳んだ段ボール箱などは燃えるもので防犯上も良くないものですが、家の中に置ける場所が無かったのだと思います。

こんな感じで我が家の家の周りも惨憺たるものでしたが、今はこれから使う植木鉢が少しあるだけになりました。

皆さんも心配しないで下さい。我が家でも片づけることができましたので、間違いなく皆さんの家もきれいに片づきますから。

それと家の感じを損ねるものに敷地の外の側溝などにも気を使いましょう。毎朝の新聞を取る時に確認すれば良いだけです。枯葉やゴミなどが落ちていたらサラッと掃くだけできれいになります。これだけで家の印象が変わります。

6　片づけにメリハリをつける

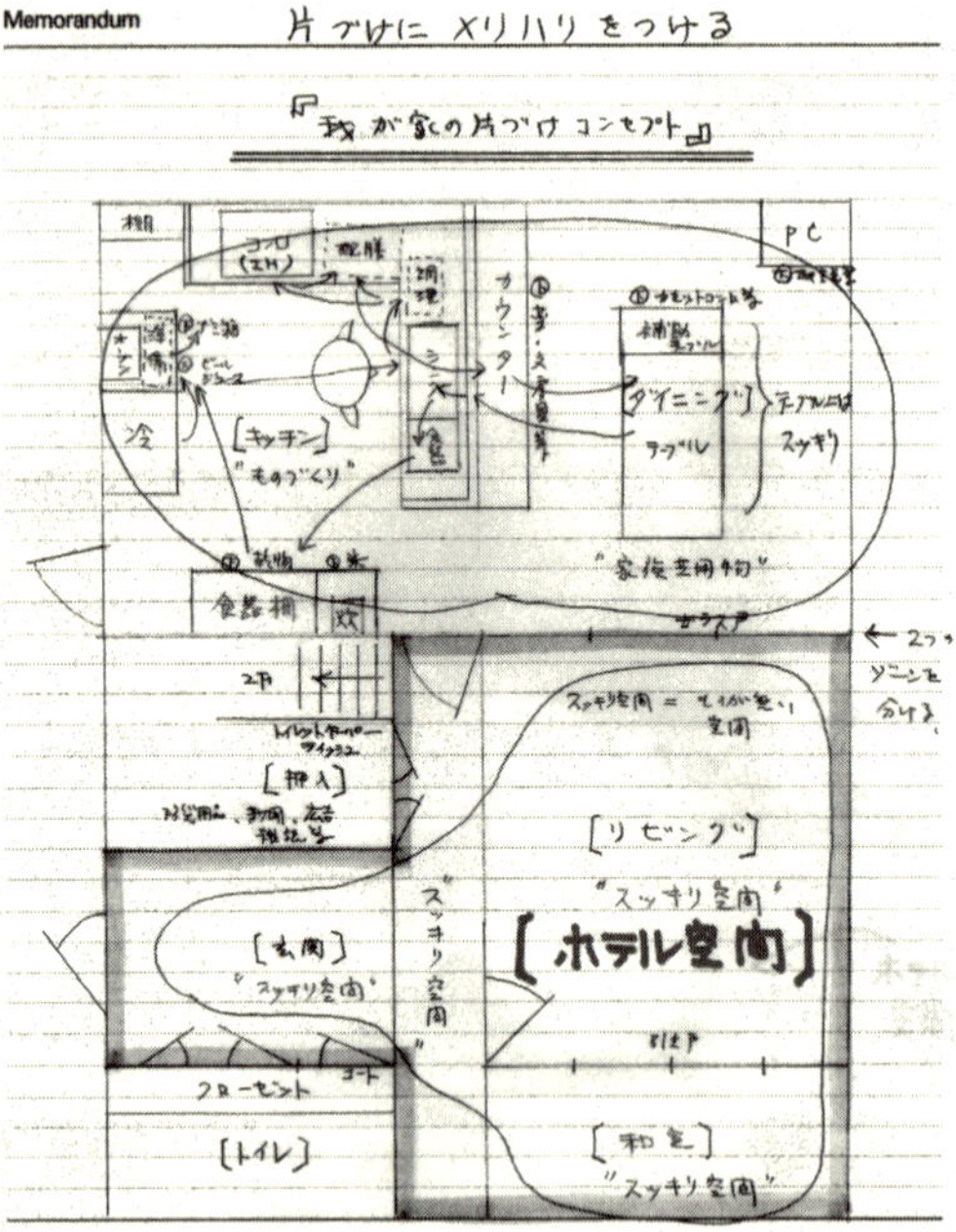

片づけはメリハリをつけないとリバウンドしやすいです。家中をまんべんなく片づけて、それを維持しようとすると片づけだけで毎日相当な労力が要ります。家事を楽にしようと思っているのに一向に家事が楽になりません。その結果、片づけが乱れやすいのです。

　つまり、全く生活感のないスッキリ空間にする部屋、ものが少しあって少し生活感のある部屋、ものがいっぱいある生活感あふれた部屋に分けることが必要になります。これをやらずにどの部屋もまんべんなく片づけようとすると必ず失敗します。

我が家では、玄関、廊下、リビング、和室を生活感の全くないスッキリ空間としました。家族共用のものがあるダイニングと、ものがいっぱいあるキッチンは関連性が非常に高いので隣接しています。つまり、これらの2つのゾーンに分けています。

こうすることによって片づけが乱れません。つまり、出したら簡単に元に戻せます。この元に戻すことが簡単にできれば乱れることはありません。片づけとは出したものを元に戻すだけのものすごく単純なものです。

7　片づけが習慣づけされている

せっかく家の外周りまで片づけてもリバウンドしてしまうと今までの苦労が水の泡になってしまいます。もし、どこかでリバウンドしてしまったら、すぐに何が悪かったのかを考えて改善しましょう。一つの小さなことでもそのままにしておくと後で取り返しのつかないことになってしまいます。

ものづくりでは、何か問題が起こった時に「なぜ」を5回繰り返せと言われています。なぜを5回繰り返すと問題の真因がつかめます。皆さんも問題が発生したら問題の真因を追及して改善していきましょう。

リバウンドする原因としては、いつの間にかものが増えてしまうことがあるかも知れません。そのようなことが起こったら原因を突き止めましょう。また、いつの間にか散らかってしまうことがあるかも知れません。その場合はものの定位置が良くないことが多いです。その時は定位置を改善しましょう。

このようにして問題が発生した時にすぐに対処していけば、必ず片づけは習慣づけされます。問題を先に延ばさないようにしましょう。片づけとは面倒臭いように見えますが、この面倒臭い家事をもう少し改善すれば楽な毎日を手に入れることができるのです。

しかし、一度家中を片づけてしまうと後は出したものを元に戻すだけです。その元に戻すことをできるだけ元に戻しやすいようにすれば片づけは習慣づけされて定着します。

トヨタは毎日の小さなことの積み上げが経営に貢献していることは皆さんもご存じだと思います。トヨタは改善が継続して定着しています。皆さんも片づけが定着できるように根気よく改善していきましょう。

8　但し、片づけが最終目的ではない

片づけは家事の一部です。しかし、本屋さんに行くと片づけの本がいっぱい並んでいますね。私も「自宅が一流ホテルに大変身！」を書く前に本屋さんに行って見てビックリしました。それだけ皆さんがいろんな本を読んで試してはみるけれど上手くいかず、また別の本が出るということではないでしょうか。

それに比べると家事時短の本は極端に少ないのが現状です。本来は家事時短の本がもっと多く出るべきではと思っていますが、どうでしょうか。ひとつには片づけは整理・整頓が主なので、書き手にとっては書きやすいということがあります。

一方、家事時短は掃除、洗濯、料理などの作業を分解して書くことが必要ですので書くのは難易度が高いと言えます。この辺から家事時短の本が極端に少ない理由だと思っています。あっても掃除の洗剤とか料理のレシピとか高価な家電に置き換えただけの本が殆どです。

しかし、家事を楽にしたいと思っている多くの人たちには不幸なことですね。何を参考にして良いのか分からない。そんな時に現れたのが本書です。片づけから家事時短までをスルー

して同一著者が2冊の本を続けて出しました。きっと皆さんのお役に立てると信じています。というか間違いなくお役に立てます。

箱根駅伝を走った選手が箱根駅伝だけで終わってしまってはもったいないです。その上の実業団あるいはオリンピックまで行ける選手になって欲しいものですね。オリンピックまで行ける選手は育て方も違ってきます。箱根駅伝は単なる途中経過であり、オリンピックという頂上を目指した育て方をします。

皆さんの毎日の家事も片づけだけで終わってしまっては本当にもったいないです。しかし、現実にはほとんどの人が片づけだけで終わってしまっているのではないでしょうか。ぜひ、最終目的の家事が楽になるところまで取り組んで頂いてラク家事の達成感と毎日の生活の充実感を得て下さい。

9　片づけが習慣づけされてから家事時短へ

ここまで読まれると皆さんの最終目的はハッキリしたと思います。しかし、道のりは険しいと思います。片づけの習慣づけが大前提になります。これがいい加減になると家事は楽にはなりません。片づけが習慣づけされないのは、どこかに無理があるからです。片づけの習慣づけには、ものの絶対量を減らすことです。これが最も大切です。その次に残った必要なものの行動範囲と使用頻度を考えた定位置化です。実践して問題が起こったら問題の真因を追及して、またものを減らして定位置を改善する。これを根気よく繰り返していきます。それによって片づけが習慣づけされます。

だんだんと習慣づけされてくると家族の意識も変わってきます。もう意識して散らかそうと思わない限り散らかることは無いと思います。この本を読まれている皆さんだけが楽になるのではなく、家族全員が日常の生活が楽になるのを実感するので散らかることは無くなります。

ここまで来たらしめたものです。もう80％は終わったも同然です。ここから家事時短に移りましょう。家事時短の実現にはあまり時間がかからないと思います。

話は変わりますが、私が小学生の運動を指導していた時に練習が終わってからなかなか後片づけがはかどりませんでした。しかし、日が経つに連れて後片づけが早く終わるようになりました。

何も言わなくても進んで後片づけをするようになりました。小学生でもこのようになりますから小さな子どもがいるからと心配しなくても大丈夫です。要するに、指導しだいです。子どもにも片づけは良いことだと思わせることですね。自然と片づけるようになります。

コラム1　三現主義とは

皆さんは三現主義という言葉をご存知でしょうか。三現主義とはものづくりでよく使われる言葉ですが、三現主義とは「現場」、「現物」、「現実」という3つの「現」を重視する考え方のことです。この3つの「現」を重視しなければ、ものごとの本質を捉えることが難しいと言われています。

工場などの生産現場で不良品が発生した時に、職場の責任者が部下から状況だけを聞いて机の上で判断した場合に間違った指示を部下に伝えることがあります。不良品が発生した工程（現場）を見て、不良品そのもの（現物）を見て、不良品に起きている状況（現実）を見るという三現主義を重視すればより正しい判断ができると言えます。

現在は、机の上でパソコンからリアルタイムで生産状況が見える時代になっており、過去のデータの蓄積などから原因が特定できる場合も無いとは言えませんが、責任者が現場に行ってデータに基づいた結論を再確認することは間違い防止にも役立ちます。また、それを見ている部下たちの意識づけにもなり、とても大切なことです。

ある有名な方が「データを見ることができないのは馬鹿だが、データだけで判断するのはもっと馬鹿だ」ということを言っています。全くそうだと思います。

これは会社だけではなく家庭にも言えると思います。片づけの問題発生時や家庭での様々な問題発生時にも適用することができます。日頃から情報だけで判断しないことを心がけたいものです。

参考ですが、これらに「原理」、「原則」を加えたものを五ゲン主義と呼んでいます。原理とはものごとの根本的な法則のこと、原則とは活用上の規則や決まりのこと。つまり、問題を解決するためには、「現場」に行って「現物」を見て「現実」を知り、「原理」にのっとって「原則」を作ることです。

第2章　作業の種類を理解する

1　正味作業時間とは

正味作業時間とは、ものづくりの中の例えば製品の組み立て工程では、ネジを部品に取り付けている時間です。ネジを手に持ってネジ穴にのぞかせる時間や、ドライバーを手に持ってネジの頭に添える時間は含まれません。

純粋にネジをドライバーで回している時間だけを言います。機械加工では、工作機械が材料を切削工具で削っている時間です。材料を工作機械に取り付ける時間や加工をスタートしてから切削工具が材料まで進む時間は含まれません。

このような正味作業時間は、作業全体の時間の10％にも満たないと言われています。それでは、他の90％は何をしているのでしょうか。それは、停滞、運搬、歩行、開梱、ゴミ捨て、積み替え、移し替え、観察、思考、手待ち、段取り替えなどです。

では、皆さんが毎日忙しく行っている家事ではどうでしょうか。例えば、掃除なら掃除機でホコリを吸っている時間や雑巾やモップで汚れを取っている時間だけが正味作業時間です。掃除機を準備する時間や掃除する場所まで持ち運ぶ時間などは含まれません。雑巾やモップを水で濡らしている時間も含まれませんね。

また、はたきで天井や壁などのホコリを落とす時間も含まれませんし、掃除機でホコリを吸うために置かれているものを移動させたり、戻したりする時間も含まれません。

次に洗濯ではどうでしょうか。洗濯なら洗濯機でキレイに洗う時間だけが正味作業時間です。洗濯機に水を入れる時間やすすぎ、脱水、干す時間、取り込む時間、畳む時間、しまう時間などは含まれません。

また、洗濯物を洗濯ネットに入れる時間や外す時間、ハンガーなどを準備する時間も含まれませんね。

料理ではどうでしょう。料理なら材料を切っている時間や煮たり焼いたり蒸したり炒めたりしている時間だけが正味作業時間です。つまり、材料を加工している時間だけです。湯を沸かす時間や解凍する時間、開封している時間、開封した袋をゴミ箱に捨てる時間などは含まれません。

皆さんはここで家事でもものづくりと同じように、全体の家事の中で正味作業時間が圧倒的に短いことに初めて気がつくと思います。ものづくりでは、この圧倒的に短い時間を短縮しようとすると相当なお金がかかることが多いのです。

家事も同じようなことが言えると思いませんか。掃除のホコリを吸う時間を短縮しようとすると強力な掃除機が必要になり高額なお金がかかりますね。お分かり頂けたでしょうか。正味作業時間とは、難しい言葉で言うと、付加価値を生む時間です。つまり、生産工程で新たに付け加えられる価値のことです。

本書ではお金をかけた割には効果があまり得られないようなことは記載していません。

2　付随作業時間とは

付随作業時間とは、付加価値を生みませんが、現時点では必要な作業のことです。ものづくりの製品の組み立て作業ではネジを手に持ってネジ穴にのぞかせる作業やドライバーを手に持ってネジの頭に添える時間、購入した部品を開梱する時間などを言います。

機械加工では、材料を工作機械に取り付ける時間や加工後に寸法を測定したり、材料を工作機械から取り外したりする時間を言います。帳簿をつけたりする事務作業も付随作業時間に該当します。このような時間は、作業全体の時間の半分以上を占めていると言われています。

では、皆さんが毎日忙しく行っている家事ではどうでしょうか。例えば、掃除なら掃除機を準備する時間や掃除をする場所まで持ち運ぶ時間、ものを移動させる時間、はたきでホコリを払う時間、移動させたものを戻す時間などです。

次に洗濯ではどうでしょうか。洗濯なら洗濯機に水を入れる時間やすすぎ、脱水、干す時間、取り込む時間、畳む時間、しまう時間などですね。洗濯物を洗濯ネットに入れる時間や外す時間、ハンガーなどの準備も付随作業時間ですね。

料理ではどうでしょう。料理なら湯を沸かす時間や解凍する時間、開封している時間、開封した袋をゴミ箱に捨てる時間、できた料理を配膳する時間、食卓まで運ぶ時間、食器を洗う時間、洗った食器を食器棚にしまう時間などです。食品の買い物も付随作業時間に含まれます。

これらの時間は家事を行う上で付加価値は生みませんが、現時点では必要な作業ですね。

この作業が家事の時間の中で多くを占めていることが分かると思います。ここまで読まれると、こういう作業が時短のポイントになると思われたのではないでしょうか。この付随作業時間をなるだけ短くするのが家事時短のポイントです。

3　ムダとは

ムダとは何でしょうか。これは分かりやすいですね。ものづくりでも家事でも同じです。付加価値を全く生まない作業です。したがって、短縮するのではなく即刻無くす努力が必要です。

ものを探す時間や考えている時間、迷っている時間、手待ちの時間、何も持たないで歩いている時間などです。

手待ちの時間とは、湯が沸くまで何もしていなくて湯が沸くのを待っている時間や、洗濯機の前で脱水が終わるのを待っている時間などです。要は、手が待っている時間です。

ものづくりでは、この手待ちの時間の短縮がポイントになりますが、作業する人は手待ちになるとサボっているように見えるので、何か他の必要ではない作業をしたりします。例えば、手が空いたので一度測定した部品をもう一度測定したりするなどです。

こうなると改善しようとして作業を観察している人には本来の手待ちである時間が見えません。そこで、現場には手待ちは手待ちとしてキチンと分かるようにしようと伝えています。しかし、人間は賢いので手待ちをなかなか見せたくないものです。この手待ちを発見できる人が良い改善の指導者ということになります。

皆さんは自分で改善しようとするので手待ちはハッキリと分かると思います。何がムダかも分かると思います。このムダは短縮することではなくて無くすことがポイントになります。

これで家事時短のポイントはハッキリしましたね。付随作業時間の短縮、ムダの排除です。この2つの時間の短縮は皆さんにもできると思います。私は、国内の会社でこの2つの時間短縮を行って、海外のものづくりに勝ってきました。

しかし、この2つの時間の短縮を実行する改善の指導者はいません。皆さんが、本書を読まれて勉強すれば家事の時短が実現できますので自信を持って実践して下さい。

4　作業時短のポイント

①ムダを無くす。
②付随作業時間を減らす。
③正味作業時間を短縮する。

付随作業時間を短縮するには、ひとことで言いますと、「つかんだら、離すな」です。例えば、洗濯の場合、畳む必要がある洗濯物は、乾いてから取り込む時に洗濯物をつかんだら、それをどこかに一旦置かずにそのまま畳んで積みなさいと言うことです。

それを洗濯物全てで実行すると全くムダな動作がありません。一旦どこかに置くと、置く動作ともう一度手に取る動作がムダになります。この動作は何の付加価値も生みません。必要のない動作です。

どうかこの「つかんだら、離すな」を肝に銘じて頂きたいと思います。しかし、自分ではなかなか気が付きにくいものです。一度ご家族に見て貰うと問題点がハッキリすると思いますので、普段からやっている動作を一度見て貰って下さい。また、家族にもやって貰って下さい。

コラム2　海外の生産ラインなどの人の多さ

私は仕事で海外に頻繁に行きました。フィリピン、台湾、中国です。海外の賃金の安さとその国に需要があるので海外進出をしている訳です。

どこの国でもものづくりの生産ラインなどは人が日本の3倍ぐらいいます。それでも賃金がそれ以上に安いので海外で生産すると安くなります。フィリピンの月給は今から8年前の2009年で14、000円と言われていました。相当安いですね。

日本と同じような生産ラインに3倍の人がいるので、やたらに人が多いと感じました。ものづくりだけではなく、フィリピンのスーパーマーケットに初めて行った時の話ですが、最後のレジでお金を払う時のことです。何とレジには3人の人がいたのです。やはり、生産ラインと同じく3倍の人がいました。

しかし、レジの前にはベルトコンベアーが付いていて品物を載せるとレジを打つ人の前まで運ばれました。1人目はレジを打つ人、2人目は袋に入れる人、3人目は品物とレシートと釣銭をお客に渡す人です。2人目も3人目も手待ち時間が相当発生していました。

生産ラインやスーパーマーケットの姿を見て、私は正味作業時間はどこの国でもそんなに変わらないが、海外のものづくりに勝つためには付随作業時間やムダを取っていけば勝てると確信しました。

海外の工場に行きながら日本の工場の生き残りを絶えず考えて、付随作業時間の短縮とムダの排除に取り組みました。やはり、数年で海外にコストで勝って生き残りました。

今より円高だった10年以上前の話です。それから円安にもなり、海外の賃金が上昇するなどして日本全体でものづくりの国内回帰が進みましたが、正味作業率を最大化する施策を実行すれば海外と十分戦えると言えます。

第3章　掃除を楽チンにする

ここでは掃除を楽にすることを勉強します。掃除なんて毎日やっているので今さら勉強しなくてもと思われている方はいませんか。この章を読まれると今までの掃除は毎日特に何も考えないで惰性でやってきたと気づくと思いますよ。

1　掃除と清掃の違い

清掃とは毎日の生活の結果を掃除して点検し、汚れや問題の原因を追究して改善によって磨き上げ、絶えず進化する体質を作ることです。

つまり、皆さんが日常行っている掃除だけでは清掃とは言えません。単なるきれいにするだけであって、問題点の改善ができなければ現状維持が精一杯です。より快適な生活を手に入れたいのなら清掃をしなければいけません。

テレビなどで宣伝しているお掃除ロボットは掃除しかしてくれません。しかも、床に置かれているものを避けてホコリを吸い取るだけしかできません。私は産業用ロボットを作っていましたが、現在販売しているお掃除ロボットは自動掃除機としか思えません。

ロボットと言うなら、最低でもものを移動させてホコリを吸い取ることができて当然です。皆さんもご存じのように掃除は床の上のホコリを吸い取るだけではありません。

天井や壁、照明器具、エアコン、換気扇、絵画、カレンダーなどに付着したホコリを払って床に落として、元々床の上に落ちているホコリと一緒に掃除機で吸い取ることや掃除機で取れない汚れを雑巾やモップなどで拭き取ることが掃除です。

そして、掃除機だけでは吸い取れない汚れなどを発見した時は、なぜ汚れるのか原因を追究して改善していけば、やがては掃除機だけの掃除になり結果的に掃除が楽になります。掃除はホコリを吸い取るだけにすれば相当時間短縮できます。

掃除もこのように分解して考えると、掃除を楽にするアイディアが浮かんでこられた方もいるのではないでしょうか。引き続き読んで頂けると、自然にアイディアが頭の中に湧いてくるかもしれませんので最後までお読み下さい。

2　掃除の工程を分解する

ここでは、掃除の工程を分解します。こんなの毎日やっていることと思わないで下さいね。実はここに掃除の改善のヒントが隠れています。ものづくりでも作業を分解するとアイディアが出てきます。作業を分解しないで全体で見てしまうとアイディアは出てきません。

皆さんが日常やっているホコリをとる工程について分解します。

・掃除用具を持って来る。
・天井や壁などのホコリを払う。
・テーブルなどに置かれたものを移動させる。
・移動させた後のホコリを払う。
・ものをテーブルなどに戻す。
・掃除機の電源ケーブルを引き出す。
・掃除機の電源プラグをコンセントに差し込む。
・掃除機の電源を入れてホコリを吸い取る。

・椅子などを移動させる。
・移動させた跡のホコリを吸い取る。
・椅子などを戻す。
・掃除を継続する。
・掃除機の電源を切る。
・掃除機の電源プラグをコンセントから引き抜く。
・次の部屋に掃除機と一緒に移動する。
・掃除機の電源プラグをコンセントに差し込む。
・掃除機の電源を入れてホコリを吸い取る。
・椅子などを移動させる。
・移動させた跡のホコリを吸い取る。
・椅子などを戻す。
・掃除が終わったら電源プラグをコンセントから引き抜く。
・電源ケーブルをしまう。
・掃除用具を元の場所に戻す。

掃除と言ってもこれだけの工程がある訳です。さて、この中で正味作業はどれだけあるでしょうか。皆さんはもう分かりましたね。そう、ホコリを吸い取るだけですね。

3　片づけ時に大掃除を行う

大掃除をすると後の日常のお掃除がグッと楽になります。しかし、大掃除だけをするのは時間もかかるのでおっくうになりそうと思われる方も多いかも知れませんね。しかし、何かのついでに大掃除するのはどうでしょうか。

片づけする時にその場所のホコリを全て取っていけば、片づけが終われば掃除も完了して結果的に大掃除が終わります。とにかく1回は大掃除をしないと日常のお掃除は楽になりません。即ち、家事が楽になりません。

ここでいう大掃除とは各部屋の天井から床までのことを指しますが、特に天井や、壁、壁に取り付けられているエアコン、換気扇、天井に取り付けられている照明器具などのホコリを全て取り除くことが大切になります。ええっ、大変と思われるかもしれませんが、片づけるついでにホコリを全て落としてしまいましょう。

片づけ時にたった1回の大掃除をするだけで、日常のお掃除が少しの時間で済むので手を抜かずにやりましょう。ここで手を抜いてしまうと抜いたツケが回ってきて、楽したいと思っている日常のお掃除の時間が短縮できません。

我が家でも照明器具やエアコン、換気扇の天井との隙間にホコリが堆積していました。これを取り除いた後の日常の掃除はホコリをサラッと払うだけで済み、掃除の時間短縮とともに家の中の環境も良くなったと思いますし、とても気分が良い生活を送っています。

各部屋の上から下までのホコリを全て取り除き、家を建てた時と同じような状態にすることが掃除時短のポイントとなりますね。つまり、家を建てた時と同じように一度イニシャル状態に戻す必要があります。

4　ものが無ければ床だけの掃除で済む

極端な話ですが、部屋にものが何もなければ掃除は床のホコリを掃除機で吸うだけで済みます。掃除している時間より掃除機を各部屋に移動する時間やコンセントの抜き差しの時間などの方が長くなるでしょう。

ソファー周りには何も置かない。
当日の新聞とテレビのリモコンのみ。

つまり、置かれているものにホコリが溜まらないし、置かれたものを移動させてから戻す必要もありません。これは極端な例ですが、これをあるべき姿として改善していけば掃除の時間短縮はできますね。何も難しい技術は要りません。ものを減らすだけです。誰でもできます。

結局、ものが増えるとものを購入するお金が増えて、占有するスペースが増えて、掃除する時間も増えます。何もかも増えていく訳ですね。このように考えるとものが多いことのデメリットがよく分かると思います。

我が家でも現在の家に移って30年以上経ちますが、片づけを始めた一昨年の12月末まではものが増え続けました。要らないものはいつか使えると処分しなかったことや、あまり考えずに新しいものを購入してタンスや押し入れなどがギュウギュウ詰めになっていきました。

入らなくなると新しく収納ボックスを購入して床に置くので床の面積がだんだんと小さくなっていき、掃除もだんだんと時間がかかるようになり、あまり時間をかけられないので中途半端な掃除になってホコリが堆積するという悪循環でした。

それが約2ヵ月間かかって片づけた後の掃除はものすごく楽になり、それを実感してからはものを増やすどころか更に減らそうとしています。ものが少ないことは全てにおいて良いことです。実感しています。

皆さんの中には片づけが済んだ方もいらっしゃると思いますが、更に減らすことを考えてみて下さい。更に日々の生活が快適になりますよ。

5　タンス、本箱、棚などの上にものを置かない

我が家では不要なものを無くして必要なものだけを各部屋に配置してから掃除がものすごく楽になりました。片づけた後は良かったのですが、暫くしてから少しずつ余分に時間がか

タンスの上には何も置かない。
掃除がものすごく楽になります。

かるようになりました。

なぜ、時間がかかるようになったのでしょうか。原因はタンスとか本箱、棚、食器棚の上の掃除に時間がかかるようになったのです。タンスの上に贈答品のタオルやバスタオルなどが箱に入ったまま積まれていました。数が多いのでスペースを取っていました。

片づけた後は箱の上のホコリを払うだけで済んだのですが、数ヵ月経つと箱と箱の間にホコリが溜まっていきました。隙間はほんの僅かなのですが、ホコリは構わずにその隙間に上手に溜まっていきました。

そうなると掃除はいちいち箱を全部移動させてから箱とタンスなどのホコリを払い、また箱を戻すという作業が発生してタンスなどの掃除だけでかなりかかるようになりました。ホコリって本当に早く溜まりますね。

それからはタンスなどの上に置いたタオルなどの箱を全て降ろして開梱して中身だけにして収納しましたが、箱のままの状態の数分の一の容積になりました。当たり前の話ですが、ものすごくコンパクトになりました。

ここで大切なのは、ものの上に更にものを置かないということです。また、贈答品などはすぐに使うべきですが、使わない時は箱から出して収納することをお勧めします。スペースが僅かで済みます。

6　ホコリや汚れが付きにくいものの置き方

私は家事を手伝い始めてから家事の大変さが分かるようになりました。洗濯も掃除もキレイにすることであり、洗濯は身につけているものをキレイにすること、掃除は住まいをキレイにすることを改めて認識しました。

身につけているものが汚れにくいようにするには汚さないように着れば良いのですが、子供は汚すのが大好きなので特に小さい男の子がいる家庭での洗濯は大変ですね。我が家でもドロドロに汚した服をよく妻が洗っていました。

では、住まいのホコリを出にくくするにはどうすれば良いのでしょうか。答えは人が入らないようにすることです。ホコリは人から発生するものが殆どだからです。皆さんは半導体のクリーンルームをテレビなどでご覧になったことがあるでしょう。人からの塵の発生を防ぐためにあのような目だけが出ているスーツを着ているのです。

ホコリは人がいればどうしても発生するので窓を開けられる季節にはできるだけ風通しを

風呂の中のものを全て浮かせる。

洗濯機周りのものを全て浮かせる。

良くすればホコリを家の外に排出することができます。そのためには窓などの風が通る道にものを置かないことが大切です。

また、ホコリは部屋の隅に寄って行って溜まりやすいので隅にできるだけものを置かなければ掃除が楽になります。

汚れについては、置いたままで汚れるところは水を使う風呂、洗面所、キッチンでしょう。つまり、ものの下面が水垢で汚れてしまいます。それを防ぐには容器をそのまま置かずに金属製のラックなどに入れて水が付着する面から浮かすことです。

トイレの洗剤を針金で吊って浮かせる。

我が家では風呂にシャンプーなどを直接置いていましたが、金属製のラックに入れて浮かすことにより汚れを防止しました。しかし、ラックの脚の部分だけはどうしても汚れてしまうので掃除が必要になりますが、以前に比べて掃除の時間が減りました。

7　掃除がしやすいものの置き方

ものが減ってくるとものに付着したホコリをサッと払って、床の上に落ちたホコリを掃除機で吸い取るだけで済みます。掃除にかかる時間が減ってきますが、この掃除機をかける時間も減らしたいものですね。

掃除機のヘッドが入るので
そのまま掃除ができる。

例えば、掃除機のヘッドは幅が25㎝ぐらいありますが、ものと壁の間が20㎝ならヘッドを取り替えなければ掃除ができません。ヘッドの取り替えに時間がかかります。ものと壁の間が30㎝あればそのままのヘッドで掃除ができますね。

このように掃除機のヘッドを取り替えなければ掃除が楽になります。つまり、掃除中に余分な動作をしなくても良いようにものの置き方を考えることです。掃除機のヘッド分を空けることは現実的にはなかなか難しいですが、特に大きなものを置く時に掃除のしやすさを意識することが大切だと思います。

また、掃除機が充電式のものでなければコンセントの近くにものを置かないことです。コンセントのレイアウトにもよりますが、電源プラグを差し替えなくても良い位置のコンセントがあれば、そのコンセントの近くにものを置かないようにしましょう。

各部屋の掃除を1回の掃除機の移動と1回の電源プラグの差し込みだけで済ますことができれば、かなり掃除は楽になると思います。各作業の1作業化を目指していきましょう。

8　買い替え時に掃除しやすいものに替える

ここでは今直ぐにはお金を出して替えなくても良いので、買い替え時に掃除しやすいものに替えてしまうやり方です。今直ぐに買い替えても良いのですが、今のものが使えるうちは使い続けて買い替えの時期がきたら掃除しやすいものに替えるのが良いと思います。

例えば、ハンガーポールです。構造上横にパイプが走っていますが、だいたい一番下の方しか付いていません。そうなると掃除機のヘッドが入らず、ヘッドを交換するかハンガーポールを移動させるしか掃除できません。

これを横のパイプが床から25㎝ぐらい上に付いているものに買い替えると一発で掃除ができますね。これは他の収納ボックスなどにも言えます。買い替える時は設置する場所や掃除をする時のことをイメージして購入すると日常の掃除が非常に楽になります。

我が家ではガスコンロとガス風呂釜が寿命となってきた時に、そのままガスを使うのではなくて両方とも電気式に変更しました。風呂はガスでも電気でも掃除にはあまり差がありません。

しかし、コンロはガスから電気式に替えてものすごく掃除が楽になりました。と言うより、殆ど掃除が要らなくなりました。サッと毎日拭き取るだけで済みます。頑固なこびりつきもありません。これは是非検討して頂きたいアイテムですね。

それと掃除機ですが、電源コードが付いたものはコンセントへの差し替えが結構面倒です。我が家ではまだ使っていませんが、買い替え時には充電式掃除機もお勧めします。掃除の付随作業の時間短縮になります。

9　できるだけ空中に浮かせる

掃除機を使う場合に掃除が短時間で済む方法は、部屋にものが何もないか、ものがあっても全て空中に浮いている場合です。大きいものは浮かすことができませんが、小さいものは壁などに取り付けて浮かすことができます。

例えば、電話機、インターホン子機、写真などはテーブルなどの上に置かずに壁に取り付けるとホコリを払うのが楽です。意外に掃除に時間がかかるのがテレビやオーディオ、デッキ、パソコンなどの配線やテーブルタップです。

通常はものの裏の床に置かれています。ホコリが溜まりやすいのと掃除が面倒臭いのでつい掃除をパスしてしまうとホコリが段々と溜まっていき、いざホコリを取ろうとすると時間がものすごくかかります。

これを改善するには、配線やテーブルタップを床から全て浮かすことです。壁に取り付けてしまうと移動した時に壁の穴が目立ってしまうので、テレビの台などに取り付けて配線も処理すると良いと思います。

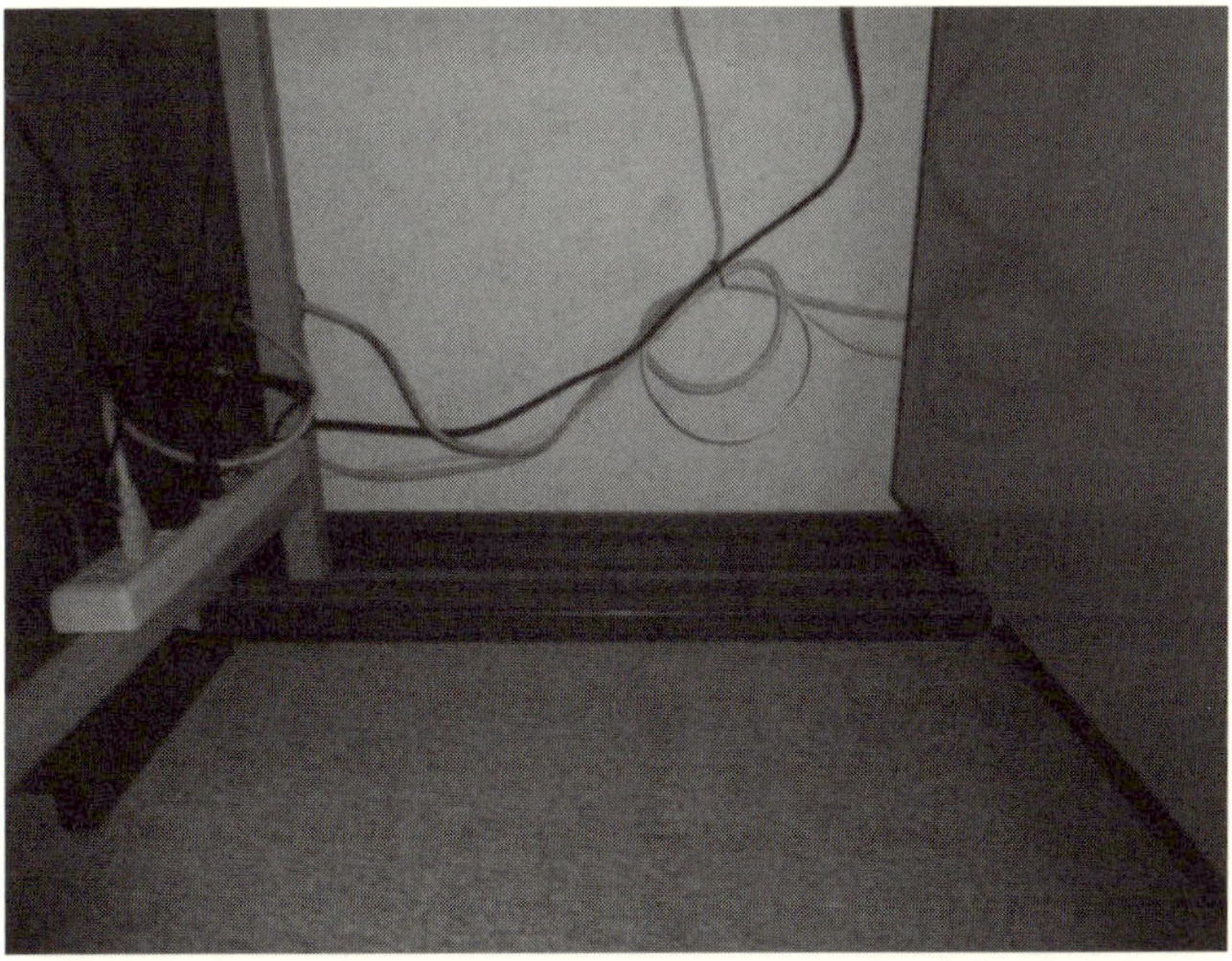

2階のパソコンテーブル下のテーブルタップや配線を浮かせる。

ダイニングの補助テーブルの下のテーブルタップや配線を浮かせる。

ケーブルやテーブルタップごと収納できるケーブルボックスもあります。ものが大きくなりますが、ボックスを浮かせることができれば掃除は早くなります。

これらの方法で日常の掃除はホコリを払って掃除機でホコリを吸い取れば、ホコリが溜まって大掃除をする必要がありません。テレビの裏などは壁からあまり空けられないので掃除機のヘッドを取り替える必要はありますが、掃除の時間短縮に有効なアイテムです。

我が家ではほとんどのものを壁に取り付けるなどして浮かせましたが、掃除がものすごく楽になりました。

10　汚れないようにする

特に汚れるものがキッチンのコンロとその上に設置されている換気扇です。コンロは数年前にガスから電気式に替えたので汚れなくなりましたが、換気扇はそのままであり年末の大掃除で年1回、時間をかけて羽根やフレームなどに付着した油汚れを時間をかけて掃除していました。

その後、その換気扇の調子が悪くなり、電気店で換気扇を購入して自分で交換しました。

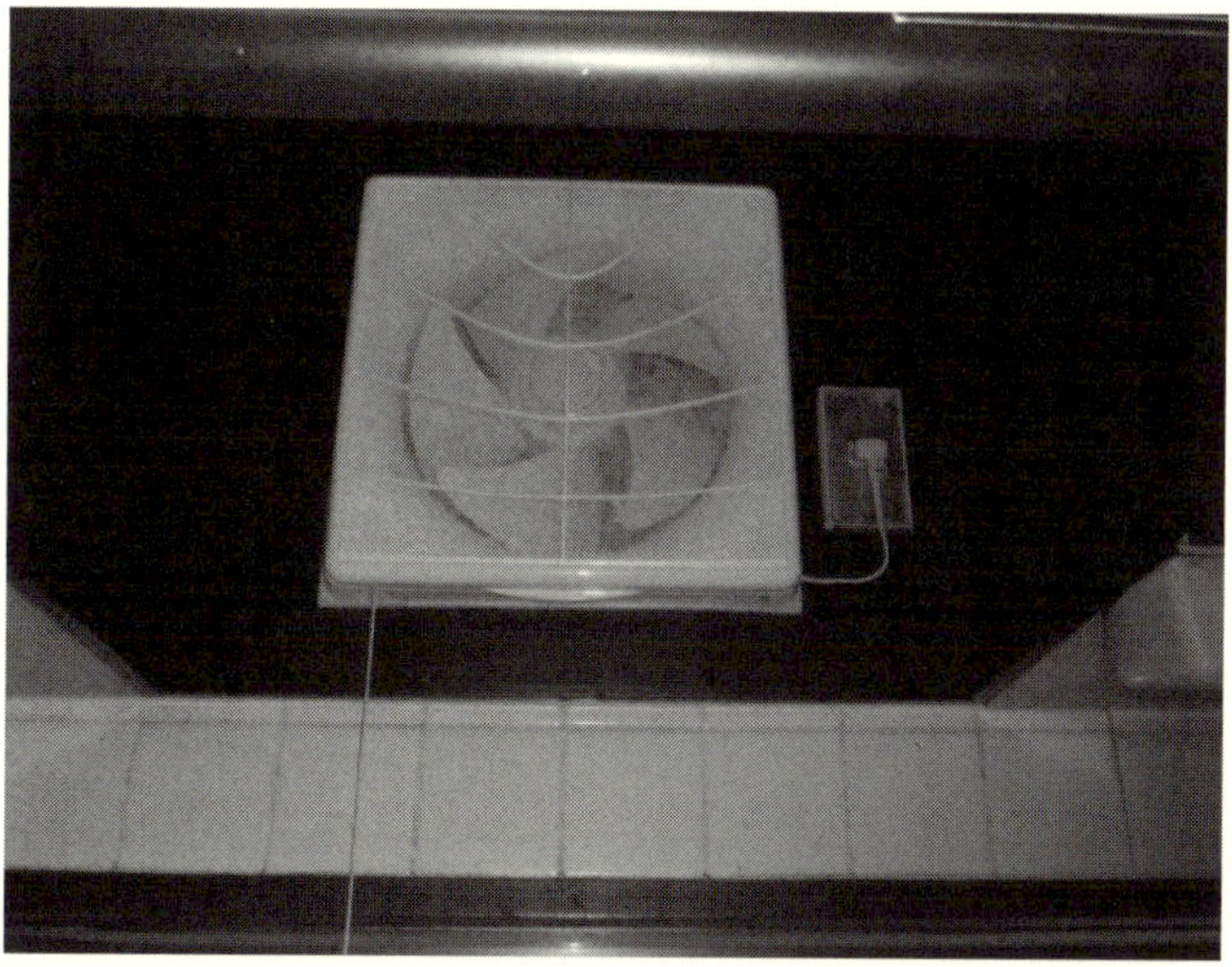

カバー付きにしてから換気扇の掃除がものすごく楽になりました。

購入する際、前面に取り外し式のカバーが取り付くものにしましたが、このカバーがすこぶる調子が良いのです。1年に1回ワンタッチで取り替えるだけで掃除は済みます。今まではは何だったのだろうと思いました。

他にはこれと同じ理屈で汚れやすいものにラップを貼っておくのもお勧めです。汚れたらラップを取り替えるだけで済みますので、掃除がものすごく楽になります。

ものづくりでは、汚れが目立つようにわざと工作機械などを白っぽい色にしたりしますが、工作機械もキッチンと同じように油を使うので、それがこぼれて工作機械に付着することが多くあります。

このような場合は、床に落ちた油がどこか

ら漏れているのかの真因を突き止めて改善することが大切です。これを床が汚れるので油受けなどを作って設置することがよくありますが、発生源対策をしない限り掃除の時間はかかりますので、発生した時に対策を行いましょう。

私が在籍した会社でも掃除は定時前に10分ほど全員で全職場を掃除していました。職場がキレイになることはもちろんですが、みんなでこういうことを毎日行うことは一体感にも効果があると見ており大切なことです。その時に問題を発見して改善することもよくありました。掃除を馬鹿にしないようにしたいものです。

11　家中のマットを無くす

これも今まで何となく掃除していて時間がかかっていたアイテムです。我が家では床に敷いてあるマットが8枚ありました。玄関、キッチン、ダイニングなどに設置されていましたが、掃除機をかける時に全部移動させて掃除していました。

いつの間にか増えていったのでしょうが、理由はよく分かりません。キッチンには3枚マットが敷いてあり、しょっちゅうずれるので直していましたが、何とかならないのかといつも思っていました。

ある時に思い切ってキッチン以外の5枚のマットを処分しましたが、その後の掃除の楽なこと。改めてものがないことの大切さを知りました。玄関は掃除が楽になった他に玄関全体が広々と見えるようなりました。

キッチンは床の汚れ防止のためにやはりマットが欲しいので対策を考えていましたが、ある時にホームセンターで45㎝角の大きさで床に引っ付いてずれなく、汚れたら洗濯もできるマットを発見して12枚購入して取り替えました。

玄関マットを無くしたら玄関全体が広々と見えるようになりました。

掃除が楽になったのは言うまでもなく、ずれないので動きやすく料理の効率化にもなりました。床下収納庫がありましたが、その中に入っていた卓上ガスコンロやホットプレートは使用するダイニングに移動したので中には何も入っていないため、上をふさぐ形でマットを貼りました。作業姿勢が悪い床下収納庫は結局使わなくなりました。

キッチンの床が他の部屋と違うだけで今から料理するんだという気分になり、良い気分で料理や後片づけに取り組めるようになりました。皆さんも試されてはいかがでしょうか。

12 ホコリを払うだけで済むようにする

これも大切なことですね。ホコリが溜まると払っただけでは取れないので雑巾やモップでの拭き掃除が必要になります。掃除に余分な時間がかかります。やはり、最短のホコリを払って吸い取るだけにしたいものです。

ホコリを溜めなければ雑巾やモップが要りませんね。答えは簡単です。ホコリを溜めないようにするだけです。難しい技術は要りません。ホコリが溜まると環境にも悪いので溜まらないようにサッと払うことです。

半導体のクリーンルームは天井から清浄な空気が噴き出されて、網目状になった床の下に流れて、その空気をフィルターで塵を取り除いて循環させています。なので、ホコリが溜まらないので掃除は必要ありません。

しかし、半導体のクリーンルームは建屋建設に莫大な費用が発生します。高価なフィルターの交換が必要であり、イニシャルコストの他に高額のランニングコストが発生します。したがって、小さな会社では維持できず、スマートフォンやデジカメなどに使われるフラッシュメモリーでは韓国の三星電子と日本の東芝の2強で圧倒的なシェアを占めている訳です。

このように半導体のクリーンルームのような空調機を家庭でも設置すればホコリは溜まらないので掃除は不要になりますが、莫大なコストがかかるので掃除を楽にするためにはホコリが溜まる前に取り去るのが有効になります。

毎日するほど必要ではないと思いますが、ホコリが溜まる前に払う習慣をつけると良いでしょう。きっと、あなたの掃除に対する時間は、ものすごくかからなくなります。

13　こまめに掃除して大掃除しなくても済むようにする

これも大切なことですね。何でも初期に対処すれば、ほんの僅かな時間で済むのに初期に対処しなかったツケが回ってきて、とんでもない時間がかかるのは皆さんもご存じだと思います。

掃除しなければいけないものにホコリ、水垢、汚れがありますが、全体に占める割合はホコリと水垢が多いと思います。ホコリは堆積しなければ払うだけで落ちます。水垢も初期なら手で撫でるだけで取れます。汚れも同じで初期なら簡単に取り除けます。

我が家では、家の中全体の片づけ時に大掃除を行って、その後はこまめに掃除していますが、ものを徹底的に少なくしたのでこまめに掃除することが苦になりません。それは日常の掃除に時間がかからないからです。

昨年は今まで毎年やっていた年末の大掃除はしなくてよくなりました。これからも大掃除は必要ないでしょう。日頃から目の届かない所があれば掃除する程度で済むと思います。皆さんも大掃除しなくてもよいようにすると年末の忙しい時期に気分的にも楽ですし、その時間を他の有効な時間に使えます。

日頃からこまめに掃除して、ぜひ大掃除レスを考えてみて下さい。

14 何かのついでに掃除する

こまめに掃除することに関連して何かのついでに掃除できれば一番良いですね。我が家では特に風呂に入っている時に浴槽の掃除を行っています。浴槽の縁には時間が経つと水垢がうっすらと張っています。

これぐらいなら手で簡単に取れます。その後に体を洗っている時にシャワーでお湯を流せばキレイになります。シャンプーやリンスなどを置いている4本足の金属製のカゴも接地面積が少ない足の部分だけが水垢が付くので体を洗っている時に少しずらして手で擦るだけで簡単に取れ、湯を流せばキレイになります。

洗面台も毎日の洗顔や歯磨きの時にちょっとだけ掃除すれば簡単にキレイになります。キッチンも後片づけのついでにちょっとだけ掃除すれば清潔さを保てますね。トイレも同じようについでにちょっとだけ掃除すれば清潔さを保てます。毎日、いろんな場面でちょっとだけ掃除することを行えば、後の掃除は短時間で済むようになります。

今まではこのようなちょっとだけ掃除はやっていませんでしたが、片づけた後に日常の掃除を楽にしたいと思い自発的にやり始めました。それが今では習慣になってしまいました。これはお勧めできますよ。

15　効率的な掃除ルートを作る

当たり前ですが、ホコリは上から下へと落ちるので上から順番に下へと払っていきます。また、掃除する部屋の順番を決めておきます。我が家ですと和室、リビング、ダイニング、キッチン、廊下、玄関、洗面所の順番にU字型で掃除していきます。こうすることによって同じ所を2回掃除してしまうロスを削減できます。

U字型で思い出すのは、製造ラインをU字型にしたU字レイアウトです。このレイアウトの良いところは、ものの入口と出口が同じ場所にあることです。例えば、部品を加工する場合に材料と完成品が同じ場所にあるので管理がしやすいことですね。

できるだけ床にホコリを落としたいのでホコリだけを先に払って、また和室に戻って掃除機を順番にかけます。ここでは掃除機のコンセントを各部屋1回の抜き差しで済むような場所を決めておいて、いつも同じコンセントに掃除機の電源プラグを差し込みます。

各部屋のホコリを払う時は2回払いしないように反時計回りにホコリを払っていきます。掃除機をかける時も同じ所をかけないように掃除するルートを決めておいていつも同じルートで掃除することが時短に繋がります。

このようなことを決めておくだけで同じ所を掃除することなく、電源プラグの抜き差しも最少回数で済み、掃除の時間を短縮することができます。ものづくりで言う標準作業をキチンと決めておいて、それを守って作業すれば最短時間で作業できるということですね。

しかし、標準作業は1回決めたら終わりではなくて他に良い順番などがあれば改善していきましょう。

細かいことを書きましたが、細かいことの積み重ねが大きなことに繋がります。家事の時間短縮には、この細かい積み重ねが有効です。細かいことと思って馬鹿にせずにキチンと対処していきましょう。

16　家の外にものを溜めないようにする

我が家では家の東側と南側のテラスにいつの間にかものが置かれて、それが段々と増えていきました。家の中で不要になったものや車や単車、自転車の部品、タイヤなどですが、タイヤは簡単に捨てられないので使えなくなってからずっと置かれていました。

毎年の年末のテラスの大掃除では、これらのものを全て移動させてから掃除しましたが、時間がかなりかかりました。そして、掃除が終わったら何も考えずにまた元に戻していました。特にこのまた元に戻すことがムダとは考えていませんでした。

しかし、このようなことをムダと思い始めたのは家中の片づけが終わってからでした。今までこんなにムダな作業をしていたのに、特に何も考えずに当たり前と思っていました。人って何かのイベントが無いとなかなか気がつかないものだなあと思いました。

会社ではムダを取る仕事をしていたのに家の中では無関心でした。ものづくりでも現在やっている仕事の内容を変えるのは大変です。全員それが一番良いと思って仕事をしているので言い聞かせるのが難しいのです。理解してくれると後は早いのですが、理解してもらうまでが大変です。

口で言うだけでは理解してもらえない時は、自分でやって見せて理解してもらいました。山本五十六の名言「やってみせ、言って聞かせて、させてみせ、ほめてやらねば、人は動かじ」ですね。人を指導するのは大変な仕事です。

話を元に戻しますが、家の中が片づいたら家の外にも目を向けることですね。まだムダがあるはずです。そこまで踏み込んでいくと家事はものすごく楽になりますね。

17　ゴミ出し

ゴミ出しの時間を短縮するにはゴミを出さないことが一番です。そんなこと当たり前ですよと言われるかもしれません。ゴミをゼロにすることは現実的には無理だと思いますが、減らすことは十分可能です。

例えば、新聞です。最新ニュースがネットやテレビなどで見られるので止められないことはないと思います。または電子版に替えてもゴミは減らせます。

同じように電子書籍もあります。我が家では新聞も本も電子版に替えていませんが、いずれはそのような時期が来るかも知れません。

私は月刊誌を2冊取っていますが、1冊は電子化されてネットでも見られるようになり、紙媒体の配布は申請すれば廃止できるようになりました。クレジットカードの毎月の明細もネットで見られるように申請すれば紙を廃止できます。このようにゴミを減らすことは十分可能です。

ゴミ出しの時間短縮にはゴミ箱を減らすことです。また、ゴミ出しの日にはご家族の部屋のゴミ箱を出勤時や登校時についでに勝手口前に持って来てもらうようにすれば、お母さんが各部屋のゴミ箱を集めることは廃止できます。空になったゴミ箱は帰宅時に個人の部屋についでに持って行ってもらうようにすれば良いのです。

全てをお母さんがする必要はありません。ご家族に何かのついでやってもらえば、負担もかかりませんので、ご家族を上手く使って時間短縮しましょう。そのようなことを上手くやるには日頃のご家族とのコミュニケーションが大切になってきます。

18　車の掃除の仕方

家の中、家の外周りの他に皆さんが毎日乗る車の掃除も大切だと思います。車の掃除も結構大変なのでおっくうになりがちです。ガソリンスタンドでの洗車もありますが、お金もかかりますし、ガソリンスタンドまでの行き帰りや車の掃除の時間もムダと言えますね。

私の車は毎日乗っていますが、半年点検でディーラーに車を持って行くといつもキレイですねと言われます。特にまとまった掃除や洗車はやっていません。やっているのは毎日帰宅してから車を降りる時に車の中をちょっと掃除するとか、ボディが雨やホコリで黒ずんでいる箇所を拭き取るぐらいです。

家の中の掃除と同じで毎日降りる時にちょっとついでにやるという感じです。それだけで清潔さを保てます。半年点検でディーラーが洗車してくれるのでピカピカになります。毎日キレイにしておけば改めてまとまった時間を作って掃除する必要がありません。

掃除はこまめにちょっとすることが時間短縮になりますので、皆さんもお試し下さい。

コラム3　お掃除ロボット

いつの間にか、お掃除ロボットなるものが世の中に出てきましたね。障害物を避けてキレイにしてくれるようですが、産業用ロボットを作っていた私としては、あのようなものはロボットと呼んでいません。呼ぶなら自動掃除機です。

皆さんがお使いの掃除機が自動で動くだけです。障害物を移動させて掃除して、また元に戻してくれて、床上だけではなくて壁や天井まで掃除してくれるのならロボットと呼んでも良いですが、そんなものは世の中に存在しません。

現在の技術なら作ろうと思えば作れますが、価格が2桁以上高くなるでしょう。そんなもの誰も買いませんね。だから、市場には出ていません。

しかも、床上だけの掃除で人が掃除機で掃除する時間に比べて5倍ぐらいの時間がかかると言われています。6畳間で30分ぐらいです。また、段差があると乗り越えられないので同一フロアしか掃除できません。

この3章まで読まれた皆さんは、掃除って、ものを減らしてこまめにキチンと掃除すれば、ホコリを払って掃除機で吸い取るだけなので、6畳間で天井、壁、床の掃除に10分も掛からないと考えるに違いありません。

お掃除ロボットを購入する余裕があったら、もっと有効なものに使った方が良いと思います。例えば、そのお金をご主人やお子さんの毎月の小遣いにボーナスをあげるとか。きっと喜びますよ。もっと仕事や勉強をするかもしれません。この辺はお母さんの腕の見せ所ですね。

第４章　洗濯を楽チンにする

ここでは洗濯を楽にすることを勉強します。ここでも洗濯なんて毎日やっているので今さら教えて頂かなくてもと思われている方がいらっしゃると思います。ここでもこの章を読まれると今までの洗濯は毎日特に何も考えないで惰性でやってきたと気づくと思います。

今まで洗濯なんてあまりしたことがない私ですが、いろんなことを改善してきましたので、私なりの考え方をここで披露します。

１　洗濯の工程を分解する

ここでは、洗濯の工程を分解します。こんなの毎日やっていることと思わないで下さい。実はここに改善のヒントが隠れています。ものづくりでも作業を分解するとアイディアが出てきます。

洗濯を大きく「洗う」、「干す」、「しまう」の3つに分けてその中を細かく分解します。

◆洗う

・家族が脱いだものを仕分ける。
・洗濯ネットに入れる。
・洗濯機の洗濯槽に入れて蓋を閉める。
・洗濯機を設定してスタート釦を押す。
・洗濯機が自動で水を入れて、洗って、すすいで、水を抜いて、脱水する。
・洗濯機の蓋を開けて洗濯物を洗濯カゴに入れる。

◆干す

・洗濯物を物干し場まで持ち運ぶ。
・ハンガー、洗濯バサミなどを準備する。
・洗濯物をハンガーなどにかける。
・洗濯物を物干し竿にかける。

◆しまう

・洗濯カゴを返却する。

・洗濯物を取り入れる。
・洗濯物を仕分ける。
・（洗濯物をアイロンがけする）。
・洗濯物を畳む。
・洗濯物を収納場所まで持ち運ぶ。
・洗濯物を収納する。
・ハンガー、洗濯バサミなどを返却する。

洗濯といってもこれだけの工程がある訳です。さて、この中で正味作業はどれだけあるのでしょうか。皆さんはもうお分かりと思いますが、「洗う」の項目の「洗って」だけです。その他の作業は付随作業です。この中に洗濯機での脱水が終わるのを洗濯機の前で待っている時間があるとすれば、それはムダになりますね。

でも、待っている時間なんてちょっとじゃないのと言われるかもしれません。しかし、このちょっとの時間をキチンと改善するのか、そのまま見過ごしてしまうのでは結果が大きく違ってきます。

嘘だと思われたら私の初作の「ものづくりの改善がものすごく進む本」（明日香出版社）

を読んでみて下さい。そこにはちょっとの改善の積み重ねでアジアのものづくりに勝った内容が書かれているのです。

また、トヨタはこのちょっとの改善を何十年も積み重ねて現在の莫大な利益を出している会社です。小さなことの積み重ねが大切であることを分かって頂きたいのです。

2　洗濯に必要なものを洗濯機の近くにまとめる

洗濯機の近くに洗濯に必要なものを全て集めます。洗濯ネット、洗剤、洗濯カゴ、洗濯バサミ、ハンガー、角ハンガーなどですね。我が家では洗面所の脱衣場に洗濯機が置かれていますので洗濯に必要なもの全てを洗濯機の上の空間を使って殆ど吊るしてあります。

本来は洗濯機の洗濯槽から取り出す時にハンガーや角ハンガーなどにかけていけば良いのですが、場所がないため、一旦洗濯物を洗濯カゴに入れています。皆さんは二度手間になっていることが、分かると思います。

洗面所でせっかく洗濯カゴに入れてもまた、物干し場で洗濯カゴから出さなければいけません。ものづくりではこれを移し替えのムダとか取り置きのムダとか言っています。ムダは

洗濯に必要なものを全て洗濯機の周りに配置する。

無くさなければならないのですが、場所が狭くてできない場合もありますので、新築時やリフォーム時には考えると良いと思います。

洗濯場にものを置く場所がない場合は、洗濯バサミ、ハンガー、角ハンガーなどを物干し場に定位置化して、洗濯物を洗濯カゴごと持って行って干すことになりますが、我が家のように物干し場にも場所がない場合は、洗濯機の近くにまとめておいて洗濯物と一緒に洗濯バサミ、ハンガー、角ハンガーなどを持って行くしかありません。

しかし、この場合でもものがまとまっているので探したり、何回も持ち運ぶ必要はありません。要は、必要な場所に必要なものを定位置化することです。こうすればムダは減っていきます。

3　各自でやってもらう

家事はお母さん一人でやるものではないと思います。皆さんは今まで何気なく一人でやってこられたと思いますし、やらなければならないと思っているのではないでしょうか。家事は家族全員で分担したいものですね。しかし、改まって家事を分担するのも難しいと思いますので、ここではご家族に分担してもらう方法をお教えします。

洗濯の「洗う」の最初に家族が脱いだものを仕分ける、洗濯ネットに入れる、洗濯槽に入れる、がありましたね。これらは全て付随作業ですが、洗濯の最初に一人でこれらの作業をやるのは大変です。

ここで、私の発案で我が家でやりだした方法とは、各自が脱いだものは洗濯機の上の角ハンガーにかけてある洗濯ネットに入れて、洗濯ネットごとそのまま下に落としてもらうと洗濯槽に入ります。今までは各自が洗濯カゴに入れていたのを、洗濯ネットに入れてもらうようにしました。

各自にやってもらうのはたったこれだけです。特に文句も出ずに継続しています。これだけを家族にやってもらうだけで、かなり洗濯の時間が短縮されましたね。皆さんにもお勧めします。

これは、他の効果も生みだしました。洗濯物の量が瞬時にわかるのです。あとどれぐらい洗濯槽に入るかがわかるので、毎日洗濯する必要が無いパジャマなどは洗濯槽の余裕を見て洗濯します。

洗濯機を中途半端に2回回すと洗濯全体の効率が悪いので、必ず1回で済むようにしています。2回回す時は大物の洗濯物であるシーツなどを洗濯する時だけです。

ほかには、干して乾いた洗濯物を以前は各自の部屋まで運んでいたのですが、現在はリビングのソファーの上に置いておいて、各自が帰宅したら自分の部屋に行く時についでに持って行ってもらっています。本来なら洗濯場に置きたいのですが、場所がないのでリビングに置いています。

これも各自の帰宅時に部屋に行く時についでに持って行ってもらうので、特に問題ありませんでした。このように改まって何かを追加でするのではなく、現在行っている動作のついでにやってもらうのがポイントです。

4　風呂に入る前に翌朝の洗う準備をしておく

これもついでにやってしまうという発想です。これは自分が何かのついでにやってみる発想です。これができたのも各自で洗濯物を洗濯ネットに入れてから洗濯機の洗濯槽に入れるまでのことができたので可能になりました。

以前は朝から洗濯機のスタートボタンを押すまでの作業がいっぱいありましたので、思いつきませんでした。家族が風呂に入ってから妻が最後に入りますが、その時は洗濯物は殆ど洗濯槽の中に入っています。

洗濯槽に入っていない洗濯物は、洗濯機だけでは落ちない汚れ、例えばワイシャツの首回りなどは洗濯カゴに入っています。その場合だけ予め洗剤で洗っておいてネットに入れ、洗濯槽に入れるまでの作業をお風呂に入る前にやっておきます。

そうすれば、翌朝は洗濯機に洗剤を入れてスタートボタンを押すだけです。心理的にも余裕ができて翌日の朝を迎えられます。ゆっくり眠れますし、翌朝も慌てることがありません。

やはり、何かのついでにちょっとだけやるのが家事を時短するポイントになります。

5　畳まない、しまわない

下着やタオル、ハンカチ、靴下以外のシャツなどはハンガーで干してそのまま取り入れて、各自が部屋に持って行くようにしています。

「しまう」の中では、畳んで収納する時間が大部分を占めていますので、それを止める方法としてハンガーで干してそのまま収納する方法にしました。

ものづくりでのムダである、載せ替え、移し替え、取り置きを洗濯でもできるだけ無くすことが大切です。

ハンカチは畳んでないと使えませんので必ず畳むことが必要になります。しかし、下着やタオル、靴下は必ずしも畳む必要はありません。

我が家では下着は見栄え上畳んでいます。タオルは畳まないと場所を取ってしまうので畳んでいます。靴下は畳まなくても場所は取らないので自分の部屋に置けますが、習慣で畳んでいます。これからは畳まない方法を考えても良いかも知れませんね。

究極は、畳まなくても良いものは畳まないことです。我が家ではまだそこまでは行ってい

各自の部屋の衣類はハンカチと靴下を除いて
全てハンガーポールにかけられている。

ませんが、更に時短する必要があるなら考えたいと思います。

6 物干し場に必要なものをまとめて持って行く

我が家では洗濯物、ハンガー、角ハンガー、洗濯バサミなどを一緒に物干し場であるテラスまで持って行きますが、テラスに洗濯物を置けないためにテラスの前のダイニングのテーブルに一旦置き、そこでハンガーや角ハンガーにかけてからテラスの物干し竿にかけます。

本来は洗濯後に洗濯カゴに入れずにハンガーにかけてから、そのまま物干し場に持って行きたいのですが、洗濯場に場所がないためにダイニングテーブルでハンガーにかけてから

洗濯場の天井下に設置した突っ張り棒を利用して
洗った後の洗濯物をかけます。

物干し場に持って行っています。

家を建てる時に洗濯のことまであまり考えていなかったためにムダが生じています。そのような場合でも抜本的な改善はできませんが、現在より改善はできますので、あきらめないで下さい。

ここでは、洗濯場の洗面所から物干し場まで何回も行ったり来たりするのではなく、1回で全部持って行けるように持ち運びの工夫をすることが大切です。それだけでも洗濯の時短はできます。

我が家ではその後、狭い洗面所ですが、洗面所の天井下に突っ張り棒を設置して、洗濯後に洗濯カゴに入れずに洗濯槽から直に洗濯物をハンガーにかけ、物干し場に持って行く前の一時置き場を作りました。全部ハンガーにかけ終わってから物干し場に持って行くようにしたので、洗濯物をカゴに入れる手間が無くなりました。

7　下着、タオルは洗面所にしまう

お風呂を出た時に着る下着とパジャマは洗面所の脱衣室に棚を設置して1段に一人分のものを入れます。タオルは共有しているのでもう1台棚を設置してバスタオルとタオルを入れます。洗濯後はそこに畳んで入れます。

バスタオルの代わりにタオルを推奨している例も見られますが、体はバスタオルの方が勿論拭きやすいです。タオルで代用すると3枚ぐらい必要です。数量が3倍ぐらいになるので洗濯の各工程での扱い時間が3倍増えてしまいます。

少しの時間を短縮しようとしているのにこれではかえって時間が増えてしまいます。ものづくりでは2つの部品を一体化して1つにする改善がよく行われます。

衣類は下着も含めて全て各自の部屋に収納する家もあるようですが、使う、着る場所で収納するのが時間短縮の鉄則です。この鉄則から外れると時短にはなりません。片づけるだけ

左のボックスが個人用下着で右がタオルとバスタオル。

ならそれでもいいかも知れませんが、皆さんが目指すのは家事の時短ですので、その辺を忘れないようにしたいと思います。

ものづくりの製造ラインなどでも使う場所にものが置いてあるのは、早く作れる他に間違い防止に役立つからです。風呂に関わる下着やタオルは洗面所にしまいましょう。

8　一時置き場が作れると良い

このアイテムは、今のままで作れる家は少ないかも知れません。我が家でも作れませんでした。

洗濯の「洗う」、「干す」、「しまう」の中で一番時間がかかるのは「しまう」ですね。畳んでクローゼットにしまうことを、ハンガーのままハンガーポールにかけるだけで済ませても各部屋に持ち運ばなければなりません。

これを解消するには、下着やパジャマ、タオルと同じようにどこか1ヵ所に置き場が作れると良いです。その一時置き場に各個人用にまとめてハンガーにかけられた衣類と畳んである靴下やハンカチが置かれていて、それを各自の帰宅時に各部屋に持って行ってもらうという発想です。

これは新築時やリフォーム時に検討すると洗濯が楽になる有効なアイテムになると思います。

しかし、現在のままでも可能です。我が家ではリビングを一時置き場として使っています。干して乾いた洗濯物をリビングのソファーの上に一旦置いています。平日は来客もないのでリビングを有効に使っています。休日に来客でリビングが使えない時は和室を使っています。

何れにせよ、各自の部屋まで運ぶことは止めて、各自の動作のついでに運んでもらうとベストです。

9　買い替え時にノンアイロンのものに替える

特にワイシャツの話です。我が家では買い替え時にノンアイロンのものを購入しているので、アイロンがけすることが殆ど無くなりました。

アイロンがけは別作業になるために手間がかかるので溜めてしまいがちになり、場所も取るのでできるだけ止めたいのが本音だと思います。

私は若い時に一人暮らしをしていたため、ワイシャツのアイロンをかけることやクリーニングに出すにはお金もかかり、面倒なのでノンアイロンでないワイシャツは休日に洗濯して、ハンガーにかけて干す時にワイシャツをピーンと手で張って伸ばして干せば、アイロンがけする必要がないことを体験していましたので、ノンアイロンを思いつきました。

とにかく、洗濯では「しまう」の時間を短縮していかないと洗濯が楽になりませんので、細かいことでも良いのでいろんなことを試みて時短していきましょう。

他には、どうしてもアイロンがけしないといけない場合に便利なアイロンを発見しました。ハンディーアイロンスチーマーの品名で5、000円以下で売っています。アイロン台が要らないのでアイロンがけの時間を短縮できますね。ハンガーにかけたままアイロンができるので便利だと思います。

10　ハンカチの干し方

これは私が家事を手伝い始めてから実施した内容です。今まではハンカチは洗濯してからまとめてアイロンがけしていました。それを自分でやってみると大変なことに気がつき、アイロンがけを止められないかと思った訳です。

ハンカチは1回使ったらアイロンがけの効果は無くなってしまいますので何とか無くせないかと考えました。しかし、そのまま畳んでもハンカチを干す時に変形していますのでキレイな正方形になりません。

干し方に問題があるのではと考え、角ハンガーにかけている時は、今までは洗濯バサミの真ん中2個を飛ばして両側の2個だけで干しているのが原因ではないかと考えました。

改善策として、角ハンガーの洗濯バサミ1列の4個を使って、ハンカチをキレイに伸ばして干すようにしました。すると、乾いた後に正方形に畳んでもキレイな正方形になることが分かり、これはアイロンレスでいけると判断してハンカチのアイロンがけを無くしました。

ハンカチはアイロン掛けするものという固定観念みたいなものがありましたが、今回の改善で他のことも改めようと思いました。皆さんも一度お試し下さい。品質が殆ど変らなければ手抜きにはなりませんからね。

11　雨天時の扇風機の活用

雨の日の洗濯、憂うつですね。そう、洗濯物が乾かないので洗濯がおっくうになります。我が家では予め天気予報で雨が予想される場合はできるだけ洗濯物を減らす工夫をしています。枕カバーやパジャマなどはもう一日洗濯を延ばしたりします。

しかし、下着など肌に直接触れるものは毎日洗濯しなければなりません。そこでものすごく有効になるのが扇風機です。意外にもこの効果は知られていません。我が家では扇風機を暖房を使わない時期の5月から10月までの約半年間1台だけ出しています。

扇風機の風量「弱」で約2時間で乾きます。シャツなどがあれば横に掛けておき扇風機を首振りにします。洗濯物が乾くのは、日光でもなく、温度でもなく、実は風の力なのです。

扇風機の風量「弱」でも約2時間で簡単に乾きます。

洗濯物は風で乾きますので空気を動かす工夫をすれば乾きます。

これを思いついたのは曇りの日でも風があると早く乾くことを知っていたので、それでは雨の日に家の中に干す時に扇風機で風を送ってはどうだろう、と言う単純な発想から、扇風機を出している夏の日に試しにやってみると見事に乾きました。

皆さんも試されてはいかがでしょうか。

12 3大作業の「洗う」、「干す」、「しまう」を近づけるのが良い

だいたい、リビングや和室、ダイニングなどは日当たりの良い南側に配置されていますので、洗濯する場所は、どの家でも北側にな

りやすく、干す場所は日当たりが良い南側になるのが殆どではないでしょうか。

つまり、「洗う」と「干す」はどうしても離れてしまいますね。しまう場合は、一時置き場所が作れるのなら北側になると思いますので、洗面所の近くに作れるのなら「洗う」と「しまう」は近くにできると思います。

しかし、「干す」が現実的にはどうしても南側になるので遠くなりますね。それなら、洗面所で洗濯機の洗濯槽から直接ハンガーや角ハンガーにかけて、そのまま物干し場まで持ち運んで物干し竿にかけるのが良いと思います。

取り入れ時は、そのまま洗面所まで持ち運んで取り外して、下着やパジャマ、タオルは棚に収納して、それ以外の衣類は一時置き場に持ち運ぶという方法が良いかも知れません。

しかし、ここでも洗面所に洗濯物の取り付け、取り外しのスペースが要ることになり、今のままではスペース的に難しい家が多いかも知れません。我が家でもそうしたいのですが、洗面所に作業するスペースがなく、物干し場の近くのダイニングのテーブルで取り付け、取り外しを行っていました。

しかし、取り付けだけは何とか洗面所でできるように改善しました。しかし、角ハンガーからの取り外しは従来のままのダイニングです。

やはり、洗面所に洗濯物の一時干し場を作るのが一番です。雨の日はそこに干したままにします。晴れの日は、そこでセットした洗濯物を南側の物干し場にそのまま持ち運び、取り入れ時はそのまま持ち帰り、畳む必要があるものだけを取り外します。

昔は、南側に縁側があり、雨の日は母がそこに洗濯物を干していたのを思い出しました。縁側の奥の和室で洗濯物を畳んだり、アイロンがけしていました。

現状は、スペース的に無理なので今のままでの時短になる最適な方法を取り入れて、新築やリフォームの計画がある方は、この「洗う」、「干す」、「しまう」を近づけることを検討されるのが良いと思います。

13 クリーニング・洗剤などの購入

この2つとも洗濯の付随作業になりますが、洗剤の購入は他のものの購入のついでに行えば手間は殆どかかりません。

しかし、クリーニングはクリーニングに出す準備とクリーニング店への行き帰り、持ち帰った後のビニール袋から出すなどの作業が必要になります。

クリーニングに出すものは、我が家ではコート、スーツ、ジャケットぐらいですが、夏物、冬物がある衣類では季節の変わり目に必ず出していました。あまり着ていなくても、つい出していたのが現状でした。

それを1年ぐらい前から1シーズンに1〜2回ぐらいしか着ていなくて特に汚れもないものはクリーニングに出さないことにしました。現在はそれで特に問題はありません。

ものづくりの現場では、製造ラインの機械の部品の洗浄などを外部に出していることがあります。従来は使用期間で決めていたものを使用回数に変更したものがあります。例えば、1年に1回の洗浄を使用回数で運用することにしたので、結果的に2年に1回くらいの洗浄で済み、外部に流出するコストを抑えたことがあります。

会社の経営的には、外部に流出するコストをできるだけ抑えるのが良い経営です。そのため、外部に出ていた仕事を内部に取り込むことを進めています。これを内製化と言います。単純に計算すると外部でやった方が安い場合が多いので外部に出すことが多いこともあります。しかし、賢い会社はそんなことはしません。

家事も同じであり、家でできることはできるだけ外部に出さないことが家計のやりくりに繋がります。利益が出た分は何かご家族のために使うのが良いでしょう。

14　何気なく置いた洗濯場の時計

リビング、ダイニング、キッチンと各自の部屋には掛け時計があります。しかし、比較的長く滞在する洗濯場には時計がありませんでした。皆さんの家でも同じではないでしょうか。

最近は出張に行っていませんが、ある時に出張用の鞄から小さな目ざまし時計を見つけました。それを引っ張り出してきて時計が無かった洗濯場に置いてみたのです。

その結果、何が起こったのかと言いますと、洗濯の時間が少しだけ短くなりました。

我が家では各人が風呂に入る前に洗濯物を洗濯機上の洗濯ネットに入れて洗濯槽に放り込みますので、基本的には翌朝はキッチンやトイレのタオルを洗濯槽に入れてから、洗剤を入れてスタート釦を押すだけで洗濯が始まります。

食事中に洗濯機が動いて終わっていますので、食事後に洗濯物を洗濯槽から出しながらハンガーにかけて、全部かけ終わってから、まとめて物干し場に持って行って物干し竿にかけます。

毎朝、朝ドラを見ていますが、以前は最初から確実に見るために早めに洗濯を途中で停止

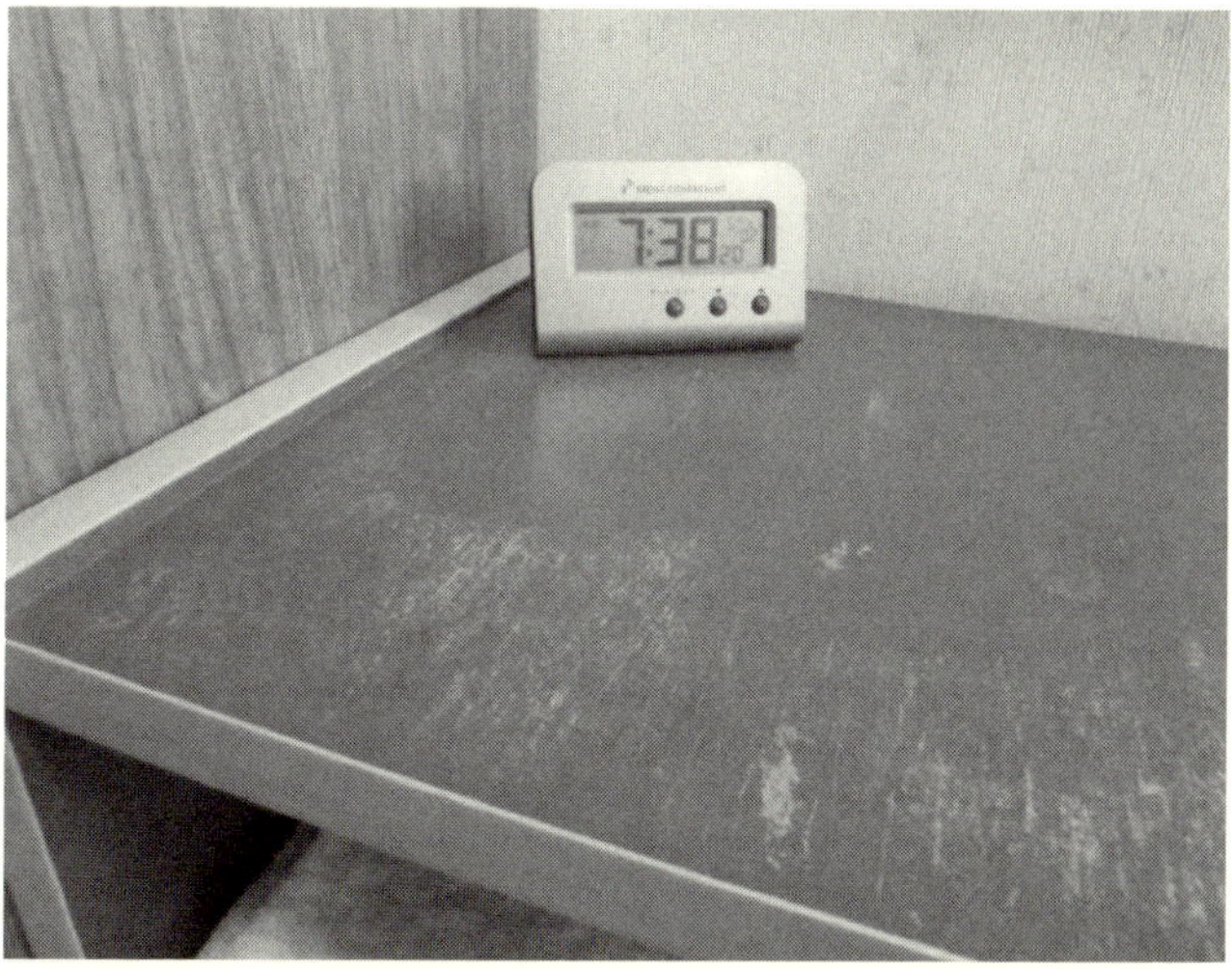

出張用鞄の中で眠っていた時計。

してリビングのテレビで見ていました。見終わってから再開していました。

時計を置いてからは、朝ドラのスタート直前に洗濯を終わることができました。つまり、時計を置くことによって、ものづくりの製造ラインのペースメーカーのようになっていた訳ですね。

ものづくりの強制搬送ラインは、コンベアスピードがペースメーカーになりますが、手渡しラインや一人屋台方式では出来高を落とさないためにペースメーカーが必要でした。今回の何気なく置いた時計は、ものづくりのペースメーカーだったと後で気がつきました。

朝ドラを見終わってから洗濯を再開するのは憂うつなものですが、その憂うつな気分が無くなったので、朝から気分もスッキリして仕事に出かけることができました。

15　衣類乾燥機と洗濯乾燥機

皆さんの家では衣類乾燥機や洗濯乾燥機をお使いでしょうか。我が家では全く必要としないので考えたこともありません。ものづくりでは全てのムダを取り去ってからお金をかける（設備を入れる）考えでしたので、家事でもまだムダを取り始めたところですから全く購入を考えていません。

なぜなら、ムダを残したままで設備を入れても効果が全くないことを知っているからです。設備はムダを取り去ってから初めて効果が出るものです。

近くの大きな家電量販店に行っても衣類乾燥機を探すのに時間がかかるぐらい並んでいません。洗濯機が数十台あるスペースの隅の方に3台だけありました。しかし、洗濯機と変わらないぐらい場所を取ります。洗濯機の上方に設置するようにできていますが、洗濯を時短するには洗濯機の上方を上手く使う必要があるので使い物になりません。

乾燥機能付き洗濯機もありますが、脱水の延長のようなものであり、結局は干す必要があるのでこれも使い物になりません。

一方、洗濯乾燥機は乾燥に時間がかかる、しわになる、縮むなどのデメリットがあるようです。購入したけれど結局、乾燥機は使わなくなり外に干している家が多いようです。最近は高額な洗濯乾燥機が発売されているようであり、前述のデメリットも少なくなっているようですが、乾燥にものすごく時間がかかるようですね。

新しい団地が近くにありますが、ほとんどの家で外に干しているのを見ます。雨の日には家の中でも扇風機や除湿機を使えば早く乾きます。

我が家の洗濯機もあと数年で寿命になるかも知れませんが、買い替えは普通の洗濯機になると思います。

それと洗濯機でも洗濯乾燥機でもドラム型と立型がありますが、ドラム型は洗濯物を出し入れする時に中腰状態になり、体に負担がかかります。我が家の洗濯機は立型ですが、買い替え時には立型にするつもりです。

コラム4　洗濯の変遷

私が生まれた時からの洗濯の様子です。私が小さい頃は、母が毎日井戸の水をポンプで汲んでタライに入れて洗濯板でゴシゴシ洗っていました。子ども心に洗濯は大変だと思っていました。昔の洗濯は本当に大変でしたね。

小学校に入る頃に洗濯機が家に入りました。洗濯してすすいでから洗濯槽の上にある2個のローラーの間に洗濯物を入れてハンドルを回すと脱水ができるものでした。ハンドルを回すのに力が要りましたが、これで少しは洗濯が楽になったと思いました。私もハンドルを回すのが面白くてよく手伝いました。しかし、よく考えると衣類を傷めますね。

その次は、2槽式で1槽目で洗ってすすいで2槽目で脱水するという洗濯機でした。これで脱水がハンドルの手回しから自動になったので楽になりましたね。結婚した時に購入したのも2槽式でした。それを長い間使っていました。

そして、現在の1槽式で洗ってすすいで最後に脱水する全自動洗濯機になりました。どんどん洗濯が楽になりました。家庭の主婦の重労働がなくなりました。技術が人を楽にさせ幸せにしたと思っています。

洗濯は今後どのように進化していくのでしょうか。洗濯、すすぎ、脱水の時間短縮と乾燥の完全化でしょうか。技術は進歩するので、衣類の材料の進歩と洗濯機の進歩で、将来は外に干すことが無くなるかも知れませんね。

第5章　料理を楽チンにする

ここでは料理を楽にすることを勉強します。ここでも料理なんて毎日やっているので今さら教えて頂かなくても、と思われている方がいらっしゃると思います。しかし、ものづくりでもいつもやっていることが正しくないことが多いのです。

流れている製品を全く知らない私が製造現場を見て指摘する項目がいっぱい出てくるのと同じように、この章を読まれると今までの料理は、毎日特に何も考えないで惰性でやってきたと気づくと思います。

1　料理の工程を分解する

ここでは、料理の工程を分解します。これも毎日やっていることですが、改善のヒントが隠れていますので料理の工程を再認識しましょう。時間短縮のアイディアが出てくる可能性がありますよ。特に料理は、掃除や洗濯と違ってものを作る作業ですので、ポイントを掴むとアイディアも出てきやすいと思います。

・買い物に行く
・買い物をする
・買い物から帰る
・食品を冷蔵庫や食品保管庫に入れる　［準備場所］
・食器を出す　［準備場所］
・冷蔵庫や食品保管庫から材料を出す　［準備場所］
・野菜などを洗う　［シンク］
・材料を切る　［調理場所］　（加工）
・湯を沸かす、フライパンを温める
・炒める、煮る、焼く、揚げる、蒸す　［コンロ］　（熱処理）
・盛りつける　［配膳場所］　（組み立て）
・料理を出す
（食べる）

・食器を戻す
・食器を洗う
・食器を食器カゴに置く
・食器を食器棚にしまう

さて、正味作業はどれでしょうか。そうです。①材料を切る、②炒める・煮る・焼く・揚げる・蒸す、③盛りつけるの3つですね。ものづくりに例えると、加工、熱処理、組み立てになります。掃除や洗濯に比べると正味作業が多いです。それは料理が作るという付加価値を生む作業だからです。

しかし、湯を沸かす、煮るなどで手待ちのムダが発生することもあり、手待ちにならないようにその時間内に他の作業ができるように手順を決めて標準化するようにしましょう。

本章では、付随作業の短縮やムダの排除の他に正味作業についても楽に作業ができて効率が上がる方法を勉強していきます。

2　キッチンは生活感が出る所

リビングは最も気持ちの良い空間であり、生活感を全く感じない場所であると思っています。また、そうであるべきだと思っています。家族での団らんもキッチリではなく何となくという感じです。

それに比べるとダイニングは家族みんなでご飯を食べながらキッチリと団らんする場所だと思っています。リビングに比べると少し生活感を感じますね。

一方、キッチンはものづくりに例えると材料を加工したり、加工した部品を熱処理したり、できあがった部品を組み立てて製品にする製造現場のような所ですね。ものづくりと同じように材料を切る、炒める・煮る・焼く、揚げる、蒸す、盛りつけるなどの多くの作業を行います。

また、ものづくりの設備や工具と同じようにコンロ、シンク、冷蔵庫、オーブンレンジ、炊飯器、トースター、コーヒーメーカーなどの調理設備や調理家電の他にまな板、包丁、お玉、フライパン、鍋などの調理器具がいっぱい並んでいる所です。

したがって、ものすごく生活感が出る所です。リビングのようにスッキリする空間ではありませんし、スッキリさせてはいけません。ものづくりの会社のロビーと製造現場の違いのようなものです。

スッキリさせようと思うと調理器具などを全てどこかにしまわなければなりません。人が住んでいない住宅展示場のモデルルームやインテリア雑誌のキッチンの写真がそうですね。どこかにしまうと、また出さなければなりません。

このようなムダを行っている限り、家事は楽にはなりません。スッキリしていて生活感を感じないのはリビングと和室、それと玄関と廊下だけです。この2つの部屋と玄関や廊下に何も置かないようにすれば家全体のスッキリ感が十分に出ます。

生活感があってスッキリしない場所と生活感が無くてスッキリしている場所をキチンと区別すれば家の中は片づきますし、家事の時短もできます。こういう割り切った区別をしないで中途半端に片づけてしまうと家事の時短はできません。

３　３つの場所の確保

料理では冷蔵庫やシンク、コンロなどのメインの設備の他に食器棚から食器を取り出したり、冷蔵庫や食品庫から材料を取り出して置いておく「準備場所」、主として材料をカットする「調理場所（まな板場所）」、でき上がったものを盛りつける「配膳場所」の３つの場所をキチンと確保することが大切です。

この場所は、広過ぎず、狭過ぎない適度な広さが必要です。現在のシステムキッチンをお使いの方で場所がうまく取れない方は、少し工夫することで確保できます。我が家では、オーブンレンジの台が大きいのでレンジの前を準備場所として使っています。

準備場所はとても大切です。この場所が確保できないと作るたびに食器や材料の取り出しが必要になり、ムダな時間を使います。ものづくりでは、予め材料や部品を全て揃えておいて、ヨーイドンでスタートすると本当にムダがありません。料理では、この準備場所がとても大切ですので、必ず確保しましょう。

調理場所はどこの家でもスペースはあると思いますが、意外と取れないのができ上がったものを盛りつける配膳場所だと思います。我が家でも現在のシステムキッチンでは少し不足するので準備場所とシンクの後ろのカウンターをうまく使っています。準備場所は料理し始めると空いてくるので配膳場所として使えます。

新築する方やキッチンをリフォームする方はシステムキッチンを見た目だけではなく、この3つの場所がキチンと確保できるようなシステムキッチンとキッチンのレイアウトを考えなければなりません。

料理はものづくりと同じで準備が時短のポイントになります。作る料理の材料や食器を全て事前に揃えてくことが一番大切になりますね。

4　キッチンのレイアウト

それでは、キッチンの最適なレイアウトをお話ししましょう。ものづくりのエンジニアをしていた30年前の新築時に相当考えたレイアウトです。それ以降改善は重ねましたが、基本的なレイアウトは変わっていません。

ポイントは、歩行や食器・食材などを持ち運ぶ距離を短縮するために間締めすることです。

どの場所に移動する場合も3歩以内で移動できるようにするのが理想ですね。キッチンは、ものづくりに例えると製品を作る製造現場になります。

システムキッチンの中にシンクとコンロがありますので、後は冷蔵庫と食器棚をどう並べるかです。他には調理家電でよく使うオーブンレンジと炊飯器の位置でしょう。大物は以上ですが、小物である調理器具を使いやすいようにシステムキッチン上に見える化します。

製造現場には、設備や作業工具、作業台が常に見える状態になっています。そして、部品を加工したり、組み立てたりして製品ができ上がります。キッチンも同じですね。システムキッチンや調理家電、調理器具などが常に見える状態になります。

製造現場では見学者が来るからといって作業工具などをしまったりしませんね。同じようにキッチンも調理器具などをしまってはいけません。しまう時間がかかってしまいます。製造現場ではそんな余分に時間がかかることを絶対にしません。特に国内の工場では海外の工場に勝って生き残るために、ちょっとの時間でもムダに使いません。

キッチンも同じようにものはしまってはいけません。常に必要な調理器具は見える化して手元化しておきます。ハウスメーカーのモデルルームや雑誌などに出ている写真を参考にしてはいけません。キッチンはものすごく生活感が出るところと認識して使いやすいスペース

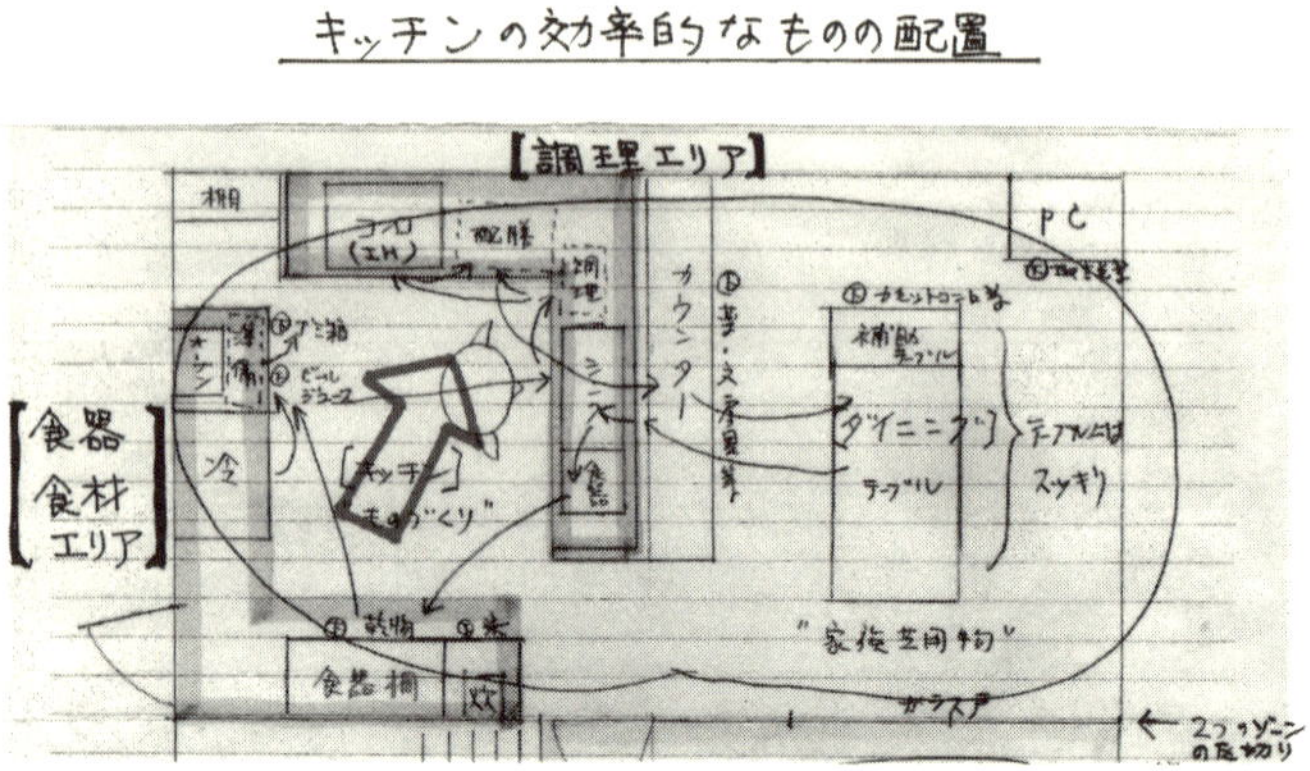

食器・食材エリアと調理エリアのレイアウト。

歩行距離が少ない効率的な正方形レイアウト。
手前に食器棚と炊飯器・お米を配置。

にしていきましょう。

参考に我が家のキッチンのレイアウトと写真を載せます。

5　各自が食器を戻す

我が家では、いつの間にか、食べた後は各自が食器をシンクに戻すようになりました。私がやり始めたら子ども達も同じようにするようになりました。現在はセルフ方式の食堂があるホテルはいくらでもあり、戻すのがそんなに面倒であると思っていませんからできます。

自分の食べた食器ぐらいは自分で戻すぐらいは当たり前とご家族に思わせましょう。できれば食器洗いまでが理想です。これは私もだいたいやっていますので、ご主人やお子さん達ができないことはありません。

最低でも食器は戻してもらいましょう。そして、その後は戻すついでに洗うまでできればベストです。食べたら食器洗いまでが食べるの中に含まれることを教育するのです。難しいことは何もないと思います。

できれば、後片づけだけではなく、出す方もセルフ方式にしたいものですね。我が家ではまだ一部ですが、部分セルフ方式を実行しています。お子さん達にご飯を自分でよそったりすることは楽しいと思わせることも大切なのではないでしょうか。

子どもは小さいうちに習慣がついてしまうと大きくなっても忘れたりはしません。ご飯を食べることは全員でやるという形を作ってしまえば良いと思います。それには、ご主人にやってもらうように皆さんが仕向けることが大切なのではないでしょうか。

6　遅れた人は各自で食器洗い

我が家では、妻と一緒に食事ができなかった人、つまり、食事に遅れた人は食べ終わったら食器をシンクに戻すだけではなく、食器洗いも自分ですることになっています。1人分の食器を洗うぐらいは短時間で済むのでそうしています。戻したついでに洗うのです。それが家庭では自然なことではないでしょうか。

したがって、シンクの中はいつも食器が無い状態になっています。食器カゴで乾燥させた後の食器棚へ戻す作業は、料理を作る前の準備作業の時に行えば、食器棚に戻さずにそのままた使える食器があるかも知れません。

私が東芝を早期退職して入社した中小企業は、従業員70名の家族的な雰囲気の会社でした。そこにはどこの会社にもいる掃除とか昼食の準備や後片付けをする専任の人はいませんでした。そういう業務は社員全員の順番制でした。

その時間を短縮するための改善も行いました。例えば、食堂の床のワックスがけをする際に机が重くて移動が大変でしたが、買い替え時に3人掛けから2人掛けに変更し、キャスター付きのものにしました。これでかなりのワックスがけ時間が短縮できました。

他には弁当屋さんを3社から2社に減らしたりして、作業だけではなく管理にかかる時間も短縮していきました。とにかく数が多いと時間がかかります。

ですから、そういう作業を最初から専任化してしまうと一人分のコストがかかってしまいますので、自分達で行って改善していくのが生き残る会社だと思っています。

私は、この会社は大変良いことをしていると思いました。掃除も夕方の定時10分前から毎日全員で行っていました。家事も同様に家族全員で分担するのが良いと思います。皆さんは、そのように家族全員で行うように持っていきましょう。

7　キッチンで要るものとダイニングで要るものを分ける

以前は食事に関わるものは全てキッチンに配置していましたが、ダイニングで必要な卓上ガスコンロやホットプレートなどはダイニングに置くようにしました。しかも、以前は卓上ガスコンロとホットプレートは床下収納庫の中に入っていました。

妻は当たり前と思って取り出して使い終わったらしまっていたようですが、作業姿勢が悪いのを我慢していたようです。私がやってみて体に負担がかかるので、ダイニングへの変更を提案しました。これは考えると当たり前のことなのですが、考えてもみませんでした。やはり、使う場所での定位置化が必要です。

しかし、ダイニングに置くといっても、ものが大きいので簡単に場所が見つかりません。ノートパソコンが2台置いてある補助テーブルの下に空間があったので、自分で棚板を1枚取り付け、そこに卓上ガスコンロとホットプレートを置くようにしました。

以前はキッチンでも場所が無かったので、あまり使わない卓上ガスコンロやホットプレートは床下収納庫に入れるしかなかったようですが、今回の使う場所であるダイニングに移し

ダイニングの補助テーブル下の卓上ガスコンロとホットプレート。

ダイニングのカウンター下の家族共用のもの。

たことで作業姿勢も良くなって出し入れがものすごく楽になりました。

そして、ダイニングに家族共用のものを集めました。家族共用のものはカウンター下の空間を利用しています。キッチンと同じようにダイニングもあまり広くはありませんが、空間を上手く利用することにより、置きたいものが置けるようになります。

ダイニングで使用するものは、全てダイニングにまとめましょう。そして、家族の共用のものをダイニングに定位置化すると家の中が片づきます。

8　目指すは一人屋台方式

縁日の屋台のように一人で料理が早くできるようにすることが理想です。それにはキッチン全体を徹底的に間締めしたレイアウトにする必要があります。システムキッチン以外の冷蔵庫や調理家電、食器棚などのレイアウトです。それらを徹底的に間締めします。

次は、調理器具は使用頻度が高いものを手元化して見える化することです。食材と食器は準備場所に使う順番に並べます。並べる場所が狭ければ使う順番に積み重ねます。この準備場所に毎回使う食材と食器を事前に準備することが料理の時短を大きく左右します。何事も

私が改善指導したものづくりでの一人屋台方式

SDカードのブリスターパック部品

ブリスターパック完成品

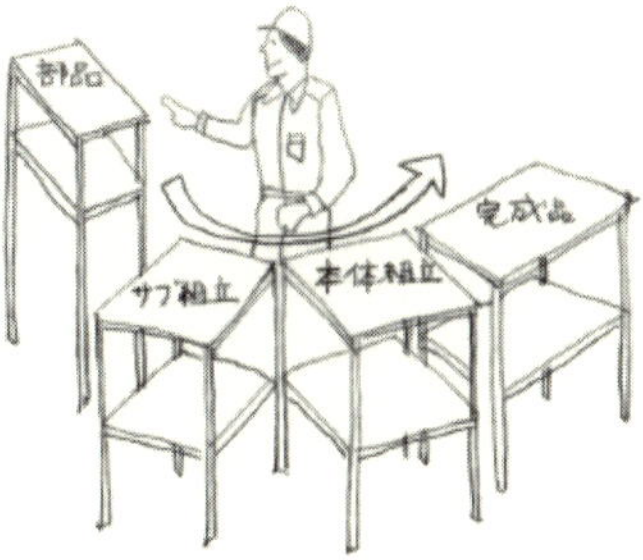

SDカードのブリスターパックを一人屋台方式で梱包。

段取り八分と言われていますね。抜かりなく準備を行いましょう。

そして、それらを元に定位置・定作業を行います。ものを事前にキチンと準備すると定位置・定作業ができるようになります。準備不足であると余計な作業が入り、時間がかかります。

このようにしようとすると、膝上から目の高さまでを有効に使う必要があります。新築やリフォーム時には、いろいろなメーカーから出ているシステムキッチンがこの膝上から目の高さまでを有効に使えるのかを吟味する必要があります。

おのずと、システムキッチンのタイプが決まると思います。見た目にこだわらずに機能性を重視する必要がありますね。見た目を重視したばかりに失敗したという意見を多く聞きます。

キッチンはものを作る、料理するところなので機能第一で選ばなければなりません。これが料理の時短のポイントでもあります。

9　なぜ、一人屋台方式なのか？

例えば、製品を人によって作業する場合の生産方式は、大きく次の3つになります。従来からの強制搬送方式、手渡し方式に加えて最近注目を集めている一人屋台方式があります。

強制搬送方式は、搬送コンベアが作業する人の前に設置されており、そのコンベアに製品が載って、各工程の人が決まった作業を行って製品を完成させます。

手渡し方式は、コンベアではなく作業台を連結させて各工程を人の手渡しによって製品を完成させせます。

一方、一人屋台方式は、一人の人の周りに部品や工具、設備などが並んでいて一人で製品を完成させせます。もちろん、部品や工具、設備などは使う順番に並んでいます。

強制搬送方式や手渡し方式は、複数名の人によって製造ラインが構成されますが、各工程の作業を完全に均等に分割するのは不可能です。従って、一番遅い工程の人の作業時間で製品の出来高が決まってしまいます。つまり、他の工程の人には手が空いてしまう時間が発生します。これを手待ちのムダと言います。

お分かりのように一人屋台方式は、一人で作業を行うために手待ちのムダが発生しません。生産効率のアップの他に、一人で製品を完成させるために、作業する人のモチベーションもアップします。

しかし、一人一人の作業ペースで製品の出来高が決まってしまうので、計画値に対する実績値を表示するペースメーカーなどを設置して、ある一定の作業ペースで製品を作れるようにしています。

皆さんが行う料理でも、テレビでの○分間クッキングなどのように残り時間を表示するなどの工夫をしてみるのも面白いと思います。そうすると、もっと早く料理できないかと考えます。

10 もの（食材・調理器具・食器など）のMIN化

片づけの一番のポイントは、ものを減らすことです。ものを減らさずして片づくことはありません。料理の時短のポイントもやはり、ものを減らすことになります。料理に必要な食材や調理器具、食器などを減らすことです。

食材はまとめて買うと安いので、ついつい多めに買ってしまいがちになりますが、多めに買ったものが普通に使えるのなら出費が一番安くなるので良い方法だと思います。ものの購入は一番安い方法で購入すべきです。要は、外部流出コストを一番抑えられる方法を取るべきです。

しかし、これが多めに買ったものの管理ができなくて、賞味期限切れを発生させたり、あるのを知らずに2度買いしたりして、それらのムダが多めに買って安くなったメリットを上回るのなら大量買いを止めなければなりません。

したがって、一番良い購入方法はものづくりで大手企業がやっているような買う時は大量買いでお金を支払い、納入は毎日の分割納入ができる食料品のネット販売や宅配などが良いのですが、現在はシステム化されておりませんので、今後世の中に出て来るのを待ちましょう。

100円ショップが安いのは、品物をものすごく大量に発注するので製造コストが安くなります。したがって、食材も安く買うために量を多めに買うことは間違っていません。その量が正しい量なのかが大切になります。

私が言いたいのは、料理の時短よりも外部流出コストを下げる方が大切ということになります。外部流出コストが抑えられて料理の時短もできる方法を考えていかなければなりません。

調理器具や食器は新しいものを買う必要はありませんし、余っているものも捨てる必要ありませんが、殆ど使わないものはシステムキッチンや食器棚に、スペースに余裕がある場合は膝から下か目より上か若しくは奥の方にしまいましょう。

要は、必要なものがすぐに取り出せるようにすることです。ものが多いと何もかも時間がかかることを肝に銘じておいて下さい。

11　できちゃった在庫と適正在庫

工程が2つある製品があるとします。前工程が後工程の生産状況に関わらずに生産すると前工程と後工程の間に在庫が発生します。このような生産方式を押し込み生産あるいはプッシュ生産と言います。

この生産方式であるとA工程とB工程の間には、多くのできちゃった在庫が必ず発生します。

一方、在庫を全く持たないのはスペースも管理も要らないので理想ですが、在庫が全くないと後工程が頻繁に止まります。つまり、前工程が生産するまで待つ必要があります。これを防止するためにはあるきまった量の在庫を持つ必要があります。これを適正在庫と言います。

後工程が適正在庫から引き取った分だけ前工程が生産するのを後工程引取方式と言います。つまり、在庫は適正在庫以上には増えません。

料理でも、この後工程引取方式は使えます。そうです。食べる分だけ、飲む分だけ購入するのです。しかしながら、食べただけ、飲んだだけ購入するとコストが高くなるのでスーパーマーケットなどである程度のまとめ買いをして、その分を適正在庫として毎日の在庫状況をチェックしながら購入するのが良いでしょう。

購入した時は、在庫状況をチェックしやすいように段ボール箱などから全て取り出して食料品保管場所に置きましょう。

12　見える化

使用頻度が高い調理器具は、引き出しなどにはしまわずに手元化して見える化しておきましょう。キッチンはものを作る場所です。リビングや和室とは違います。キッチンはキチンと整理・整頓して堂々と見える化しましょう。

どうしても見える化に抵抗がある方は、見せる化しましょう。調理器具や調味料などをわざと見栄えのするものにかえてみるのです。ほんの少しだけお金がかかるので余りお勧めできませんが、最近はカラフルな調理器具が大手家具販売店などで安く売っていますので、それらを購入するのも一つの手ではないかと思っています。

何れにしろ、調理器具は見えていて近くにないとムダな時間がかかります。進んだものづくりの工場を参考にしましょう。

システムキッチンの引き出しはあまり使わない小物類、その下のスペースは使用頻度の低い鍋などを入れておきます。

我が家では、フライパン、鍋、ボール、まな板、包丁、しゃもじ、お玉、箸、スプーン、フォークなど、毎回の食事で使うものは全てシステムキッチン上に手元化して見える化しています。決して引き出しなどにはしまいません。

システムキッチンの引き出しなどには、めったに使わないものしか入っていません。しか

ビールやジュースなどの飲料を見える化しています。

し、たまに使うので捨てられないし、収納場所があるので捨てる必要はありません。

このように考えていくと、システムキッチンの収納は高さの問題や見える化できていないので常時使うものを収納するのに適していないのが分かりますね。

したがって、システムキッチンの収納は、常時使わないものの収納場所と考えた方が良いと思います。

常時使うものは、システムキッチンの上に見える化することが料理の時短のポイントになります。レベルが高いものづくりの製造現場と同じです。見えていないということは、取り出すのに時間がかかり、しまうのに時間がかかるということです。

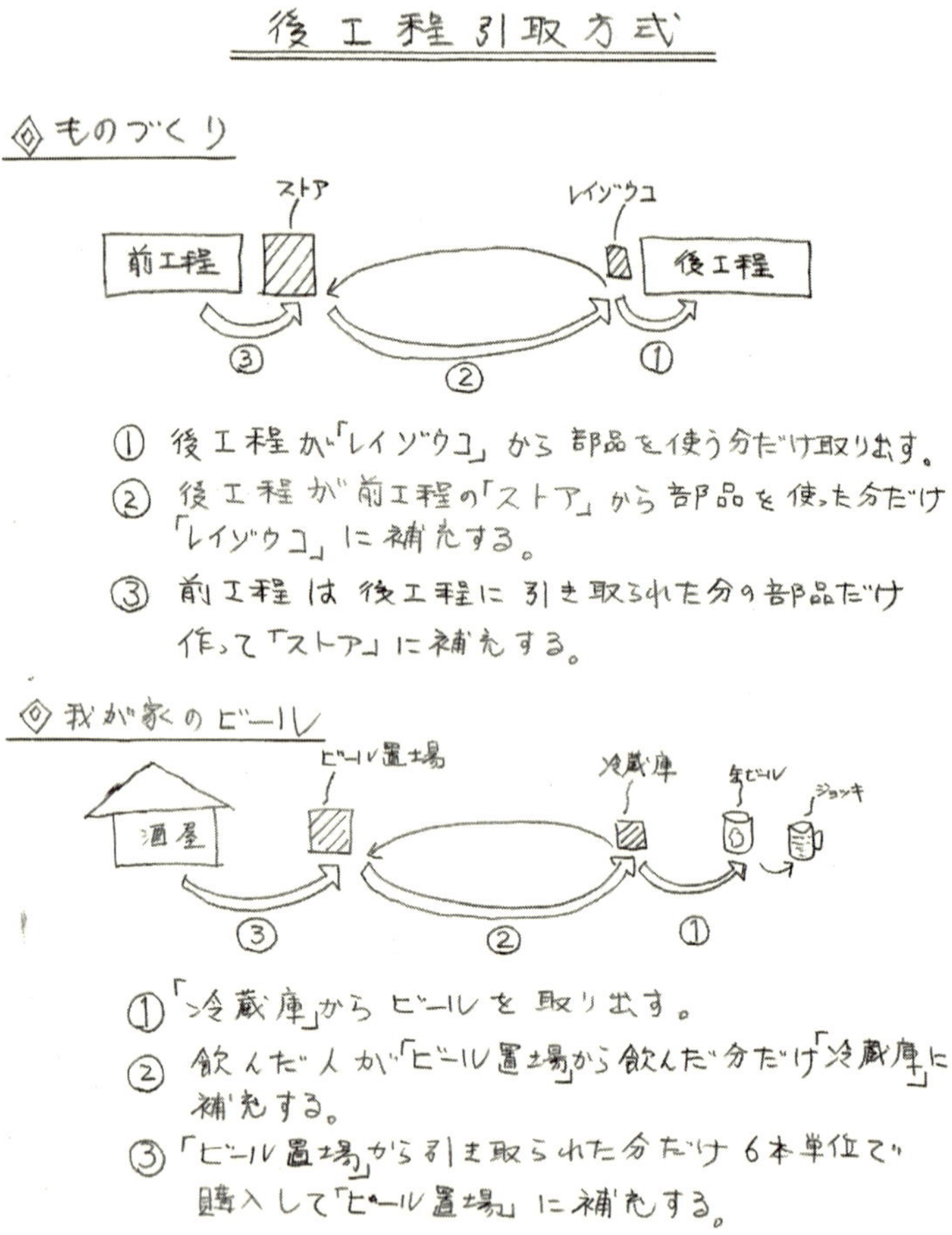
後工程引取方式
◎ものづくり
ストア
レイゾウコ
前工程
後工程
③
②
①
① 後工程が「レイゾウコ」から部品を使う分だけ取り出す。
② 後工程が前工程の「ストア」から部品を使った分だけ「レイゾウコ」に補充する。
③ 前工程は後工程に引き取られた分の部品だけ作って「ストア」に補充する。
◎我が家のビール
ビール置場
冷蔵庫
缶ビール
ジョッキ
酒屋
③
②
①
①「冷蔵庫」からビールを取り出す。
② 飲んだ人が「ビール置場」から飲んだ分だけ「冷蔵庫」に補充する。
③「ビール置場」から引き取られた分だけ6本単位で購入して「ビール置場」に補充する。

後工程引取方式は、在庫を適正量に保つ究極のものづくりです。

これは食材も同じです。特にビールなどのまとめて買う飲料は冷蔵庫の近くに在庫の見える化をしておきましょう。冷蔵庫への補充にも手間がかかりませんし、在庫切れもおこしません。

また、飲料はものづくりの後工程引取方式を採用して在庫を減らすのと同時に、冷蔵庫内を広く使えるようにして取り出しや補充の時間短縮を行いましょう。

13　探さない・考えない・迷わない

ものづくりでは、ルーチン作業の改善のポイントは「探さない」、「考えない」、「迷わない」ようにすることが作業効率化に重要と言われています。この3「ない」ができると作業の標準化ができます。

作業の標準化ができると、作業時間にバラツキが出ずに常に最短の時間で作業ができるようになります。初作の「ものづくりの改善がものすごく進む本」では、標準時間とは平均時間ではなく最短時間であると記載しています。一般的には平均時間を取ってしまいますが、最短時間が一番ムダなくできた時間なので、これを標準時間に使うべきなのです。

「探さない」は、常時使う調理器具を手元化して見える化しておけば問題無く料理できると思います。食材や食器は準備場所に予め準備しておきます。しかし、準備する時に探さなくても良いようにしておくことが大切です。

「考えない」は、初めての料理は途中で考えることもあると思いますが、できるだけ考えないで済むように事前に予習して頭に入れておくことが大切です。しかし、家事の中で料理は創造の分野ですので、初めての料理の場合は、時間の短縮よりは割り切って料理を楽しむと考えても良いと思います。

「迷わない」は、作ろうと思った料理が材料のストックがないために準備段階で急遽変更することがあるかも知れませんが、この対策は事前に材料が揃っているかを確認する必要があります。夕食なら一つ前の昼食時に材料を確認しておけば、準備で迷って時間がかかることはありませんね。

朝食は毎日同じものを作る場合が多いので作業の標準化ができると時間がかからないと思いますが、昼食のお弁当とか夕食は毎日献立が違いますので、事前の確認が時短のポイントになります。

14　準備（段取り）が大切

料理は食材と食器の準備がポイントになります。そして、必要な調理器具が揃っていることが料理時短のポイントです。また、朝のうちに昼の準備、昼のうちに夜の準備ができると1日3食の料理時間が短縮できます。

料理時間の短縮のためには、食材と食器、調理器具がキチンと準備できていることです。調理器具はいつもキチンと手元化し、見える化して揃えておけば問題ありませんが、献立によって異なる食材と食器の準備が大切です。

両方とも準備ができていれば料理を作るのは早いと思います。しかし、この準備時間も料理時間に含まれます。

ものづくりの作業時間の短縮で、私のやり方はまず正味作業率を上げるために事前準備を徹底的に行います。工具は手元化して見える化します。部品は開封して組み立てる順番に全部品を配膳します。

こうすると、正味作業率はものすごく高まります。そのため、作業時間はものすごく減ります。しかし、事前準備に多くの時間がかかります。

次は、この準備時間の時間短縮に移ります。このように物事は順番が大切です。最初に組み立て時間の短縮、次に準備時間の短縮というように順番に進めることが大切です。

その結果、ある大型の製品では準備時間と組み立て時間の合計で、当初の時間の1／5ぐらいの時間に短縮することができました。料理とものづくりはよく似ていますので、料理の時間短縮は可能です。この詳しい内容は「ものづくりの改善がものすごく進む本」（明日香出版社）に書かれていますので料理時間短縮の参考にされると良いと思います。

我が家では、1回毎の時間短縮と1日単位の時間短縮を使い分けています。そのため、朝が一番時間がかかりますが、昼と夜の料理時間は本当に早いです。1日トータルでものすごく時間を短縮しています。皆さんもお試し下さい。必ず効果が出ると思います。

15　冷蔵庫、食器棚の使い方

冷蔵庫は上が開き戸で下が引き出し、食器棚は上が引き戸で下が開き戸が多いですね。この開け閉めには時間がかかりますので料理の途中で開け閉めするのではなく、準備の工程以降は開け閉めしないようにします。

特に冷蔵庫は開け閉めしないのが時間短縮はもちろん、冷蔵効率の維持としても省エネとしても良いですね。

しかし、準備の工程でも開け閉めの時間は少なくしたいものです。そのためにはできるだけ開き戸、引き戸ともに片側だけの開閉で済むように冷蔵庫、食器棚ともに片側に寄せるのがベストです。

冷蔵庫は、扉を取ることはできませんが、食器棚は扉を取り払うことも可能です。下の開き戸には食器を入れるのではなく、乾物などの食料品を入れていると思いますので、下側の開き戸は取り払うことも検討されてはいかがでしょうか。

我が家では、食器棚の下側は乾物が入っているだけですので扉を取り払うことは可能ですが、これから考えてやって行こうと思います。しかし、開閉が一度で済むように置き方を工夫しています。

また、冷蔵庫、食器棚ともに上方に空間を設けて奥のものが見やすく、取り出しやすくするのがポイントです。やはりここでも、ものを少なくすることが大切です。

食器は空間を設けることができないのであれば、処分も検討せざるを得ないと思います。

食料品も購入コストとの関係ですが、できるだけ少な目に持つのが準備時間の短縮に繋がります。

毎日の献立と家計簿をにらみながら、ご家族が満足される献立と食費を検討しながら、ストックも減らせることが、皆さんの時間短縮にもなり、腕の見せ所ということだと思います。

16 ゴミを減らす

我が家では、ゴミを減らす対策としてラップの代わりに樹脂製の蓋に変更しました。少しイニシャルコストがかかりましたが、安いものなので直ぐに元が取れました。ラップを買わなくてもよくなりゴミが無くなりました。結構、今まで毎日ラップを捨てていました。

しかし、ゴミは食料品の包装材が多く出ますすね。皆さんの家のゴミ箱の位置は適切でしょうか。場所をあまり考えずに冷蔵庫などを配置してしまうと、いつの間にかゴミ箱が一番隅の方に追いやられることがあります。

ゴミ箱はゴミが出る作業をしている場所に置くのがベストです。すなわち、食料品を準備するところですね。となると、キッチンのセンター辺りになります。キッチンの中で一番良

ゴミ箱はゴミが出る場所に必ず置きます。

い場所です。そんなところにゴミ箱を置くのという声も聞こえてきますが、やはり使うところに置かないと料理の時間短縮はできません。

料理の時間短縮というと、どうしても料理そのものに目が向いてしまいますが、ゴミを捨てる付随作業にも目を向けなければなりません。

我が家では、オーブンレンジの前の台が準備場所になっていますので、その台の下にゴミ箱を置いています。ゴミ箱はつい隅の方に追いやられそうですが、ゴミを捨てる時間も馬鹿になりませんので、一番ゴミが捨てやすいところに設置しましょう。

また、生ゴミは臭いますのでキッチンには

置きたくありませんね。一戸建ての家ではキッチンの勝手口の外にゴミ箱を設置してそこに生ゴミを入れておけば、ゴミ出しも楽になります。

ゴミは燃やすもの以外は資源になりますので、ゴミ箱は資源箱と言っても良いと思います。つまり、捨てるのではなく決められた日まで保管をしておく箱とも言えると思います。資源となるとゴミ箱の扱い方も違います。ゴミ箱は作業しやすい場所に置きましょう。

17 床マットを敷く

日本のものづくりでは立ち作業が多いです。この理由はこの章のコラムでも説明しますが、料理ももちろん立ち作業になります。手の動作だけで料理ができれば座り作業も可能ですが、そんなことは無理ですね。

したがって、立ち作業での足の負担軽減が必要になります。足の負担が軽減できれば早く料理ができるようになります。私は、ものづくりの立ち作業で足の負担軽減を行って効果を上げました。一つは作業している人の靴を変更して効果が出ました。もう一つは床の上に敷くマットです。

脚疲労軽減マットを敷いたので脚が疲れません。

靴は、靴底がクッション性のあるものに変更して足の負担を軽減したことがあります。半導体のように防塵上マットが敷けない工場もありますが、だいたいはマットを敷いて足の負担を軽減している工場が多いです。たかがマットですが、効果はあります。

我が家ではシステムキッチンの調理する場所にマットを敷いていました。この目的は主に床の汚れ防止でした。しかし、料理ではキッチンを動き回るので、このマットの少しの段差も気になりました。妻は慣れていたようですが、私は気になりました。

このマットを取り去り、45㎝角の吸着式で、しかも洗濯ができるものに取り替えました。それをキッチンの歩行範囲に全て貼りました。

段差が無くなって歩きやすく、しかも、直接床上を歩かなくて済むようになって、心なしか足の負担も軽減されたように思います。

その後、脚疲労軽減マットを調理する場所に敷きましたが、これも効果がありました。クッション性があり、脚の疲労が軽減できるのがわかりました。しかも、このマットは端面が面取りされているので、段差が気になりません。これは良いと思います。

やはり、床の上を直接歩くのは足に負担がかかると思います。皆さんも一度試されてはいかがでしょうか。

ダイニングの延長ではなく、キッチンに来たという何か特別な感じもして、これから美味しい料理を作る心構えができた気分にもなります。

18　ものの高さに要注意

ものを収納する時の高さの話です。レベルが高いものづくりでは、膝の上から目の高さの範囲にものを置くのが標準です。膝より下、目より上には置きません。取りにくいのと作業に負担がかかるからです。要は、動作が遅くなります。しかも安全上も問題があります。

しかし、キッチンに設置する市販のシステムキッチンや食器棚、冷蔵庫は、そんなものづくりの標準を無視して作られています。皆さんは無理して使っている、いやメーカーで作られたものを無理に使わせられていると言った方が良いかも知れませんね。

オーダーメイドで作ると相当高くなるので私たちが取れる対策は、膝から下と目から上にはものを置かないことだけです。そのためには、ものの絶対量を減らすことです。ここでもものを減らすことの大切さが出てきました。

どうしても膝から下、目から上にものを置かなければならない場合は、使用頻度が極端に少ないものに限定して置きましょう。

我が家では、システムキッチンの扉や引き出しを開けて料理をすることは少ないです。殆どのものがしまわれずに手元化されて見える化されているからです。また、床下収納庫の使用も止めました。

かがむ動作や背伸びする動作は体に負担がかかり、時間もかかります。下手をすると腰などを痛める場合がありますので、可能な限り膝から目の高さの範囲で動作できるように改善していきましょう。

19　既製品を改造して使う

市販のものを購入するとどうしてもサイズが合わない場合が多くあります。例えば、ワゴンです。我が家では、大き過ぎてキッチンへの通行の支障にもなっていたのですが、無理して使っていたのが実情でした。新しく購入するのももったいないと考えていました。しかし、私が家事を行うようになってから改善しました。我が家では炊飯器を置くワゴンが大き過ぎたので20㎝カットしてから接続し直して改造しました。家族に大変好評です。

ものづくりでは、市販の設備を購入してそれをただ使っているだけでは競争相手に勝てませんので、独自の工夫を取り入れて、汎用設備を自分のところ専用に専用設備として使うことが当たり前となっています。要は、買ったまま使っているだけでは、他の会社と全く同じ作り方になってしまいますので差別化できません。家でも市販品を安く購入して我が家独自の発想を取り入れて賢く改造しましょう。

他には、以前はビールを箱で購入して冷蔵庫に入るだけ入れていましたが、冷蔵庫内の空間が無くなり、ものの出し入れにロスが多く生じていたため、ビールは1日に飲む分しか入

市販のワゴン（奥行600㎜）を食器棚の奥行400㎜に短縮しました。

れないようにしました。しかも、飲んだ人が補充するようにしています。

そのため、ビールを箱ごと置いておくスペースが必要になり、オーブンレンジの下が空いていたので床から少し上げた台を作り、その上に箱から出したビールを置いています。

冷蔵庫内に何日分ものビールを入れる必要はなかったのですが、それが当たり前と思っていたのですね。習慣とは恐ろしいものです。

ものづくりでは、工程と工程の間にものを置く場所がありますが、これをストアと呼んでいます。そこから後ろの工程が必要な分だけ引き取りに来て自分の工程の置き場所に置きますが、それを「レイゾウコ」と呼んでいる会社もあります。

つまり、冷蔵庫は必要分を置く場所なのですね。

20　テレビを見ながら楽しく料理する

我が家のキッチンは、生活感のあるところとないところをハッキリ分けているために、キッチンからはリビングが見えないレイアウトになっています。したがって、リビングのテレビを見ながら料理することができません。

家族の一体感を持たせる対策としてキッチンのカウンターに会社の福利厚生制度のポイントで得た小型のテレビを設置してあります。妻はカウンターのテレビを見ながら楽しく料理を作っています。私や子ども達が後片づけする時もテレビを見ながら後片づけできますので後片づけが苦になりません。

このように、ついでにとか、ながらの作業では、作業そのものの嫌気を無くすのに効果があります。ただ料理をするだけですと孤独感がありますが、テレビを見ながらとか、音楽を聴きながらとか、ながらで料理を行うと楽しい気分になります。

これは、料理をする本人だけではなく、ご家族全員に料理を手伝ってもらったり、後片づ

キッチンに小型テレビを設置したので妻も楽しく料理ができるし、家族も楽しく後片づけができるようになりました。

けを手伝ってもらったりするのにも都合が良いですね。

テレビや音楽などの環境を整備するだけで結果が変わってきます。余っているテレビがあるご家庭では検討してみて下さい。もちろん、余っているテレビが無い場合は小型テレビを購入するのに少しの投資が必要になりますが、自分の服を購入するのを一つ止めて家族のためにテレビを購入するなどのことを考えてみるのも良いと思いますが、いかがでしょうか。

21　食料品の買い物

食料品の買い物も料理の付随作業ですが、

これは状況によって変わりますね。1人で買い物に行くのなら料理の付随作業になりますが、ご家族で行くのならショッピングになると思います。ショッピングなら買い物の時短は気にする必要はありませんね。

しかし、1人で買い物となると時短したいものです。我が家では子どもが小さい時はショッピングとして家族で買い物に行きましたが、子どもが大きくなるにつれて妻1人で行くようになりました。

その後、宅配を利用するようになり、便利なので現在も続けています。家庭での注文する時間は増えますが、テレビを見ながらのながら作業でできるので、買い物する時間と往復の時間をトータルすると宅配の方がかなり時短できます。

しかし、スーパーマーケットも利用します。宅配だけで全部買えない場合もありますが、多くはスーパーマーケットの方が安い場合です。その場合は勤め帰りのついでに寄るなどして買い物単独での時間がかからないように工夫しています。

このように宅配とスーパーマーケットの両方をうまく利用しながら料理の時短と外部に出るお金を抑えるのが良いと思います。何でも宅配する必要は無いと思います。それが賢い家事だと思います。

22　スーパーマーケットでの買い物の時短

１人で買い物に行く場合は、家事の一部ですのでできるだけ短時間で済ませたいですね。私が毎週買い物に行くことによってやり始めたのが、スーパーマーケットのレイアウトに沿って買い物することです。皆さんもやっておられる内容だと思います。

そのために買い物リストを作成する場合も、行くスーパーマーケットのレイアウトに沿って記入していきます。例えば、牛乳、ビール、日本酒、つまみ、果物のように品名と個数を記入します。

こうすることによって一筆書きのように買い物ができるので後戻りすることが無く、買い物をするための時間が短縮できます。また、買い忘れも起きにくくなります。

ものづくりでの組立部品をピッキングする場合は、ルートに沿って順番にピッキングしていきます。つまり、ピッキングリストが部品を取る順番に記載されています。オペレーターはピッキングリストの順番通りに部品を取っていきます。

これを家事での買い物に展開しました。

私が行くスーパーマーケットではマイバッグを使用しますが、乾物、飲料、生もの、冷凍食品などを分けて詰め込んでおくと、帰宅してから冷蔵庫や収納場所へ移し替える時間も短縮できます。

23 食料品の収納

食料品が宅配で届いたり、スーパーマーケットでの買い物から帰った後は、乾物、飲料、生もの、冷凍食品などを分けて所定の場所に収納します。帰った後にすぐに必ず行います。そうしないと散らかります。

ビールやジュースなどを段ボール箱単位で購入したものは、段ボール箱を開梱して単品の状態にして所定の場所に収納します。

段ボール箱を開梱することによって単品の状態にしておくことは、在庫の状態の確認や冷蔵庫に入れる場合も短時間で済みますね。

ものづくりでは段ボール箱を開梱しなくても済むように取引先と「通い箱」での出入荷をできるだけ行います。部品が入荷したらそのまま組立ラインに出せるようにします。段ボー

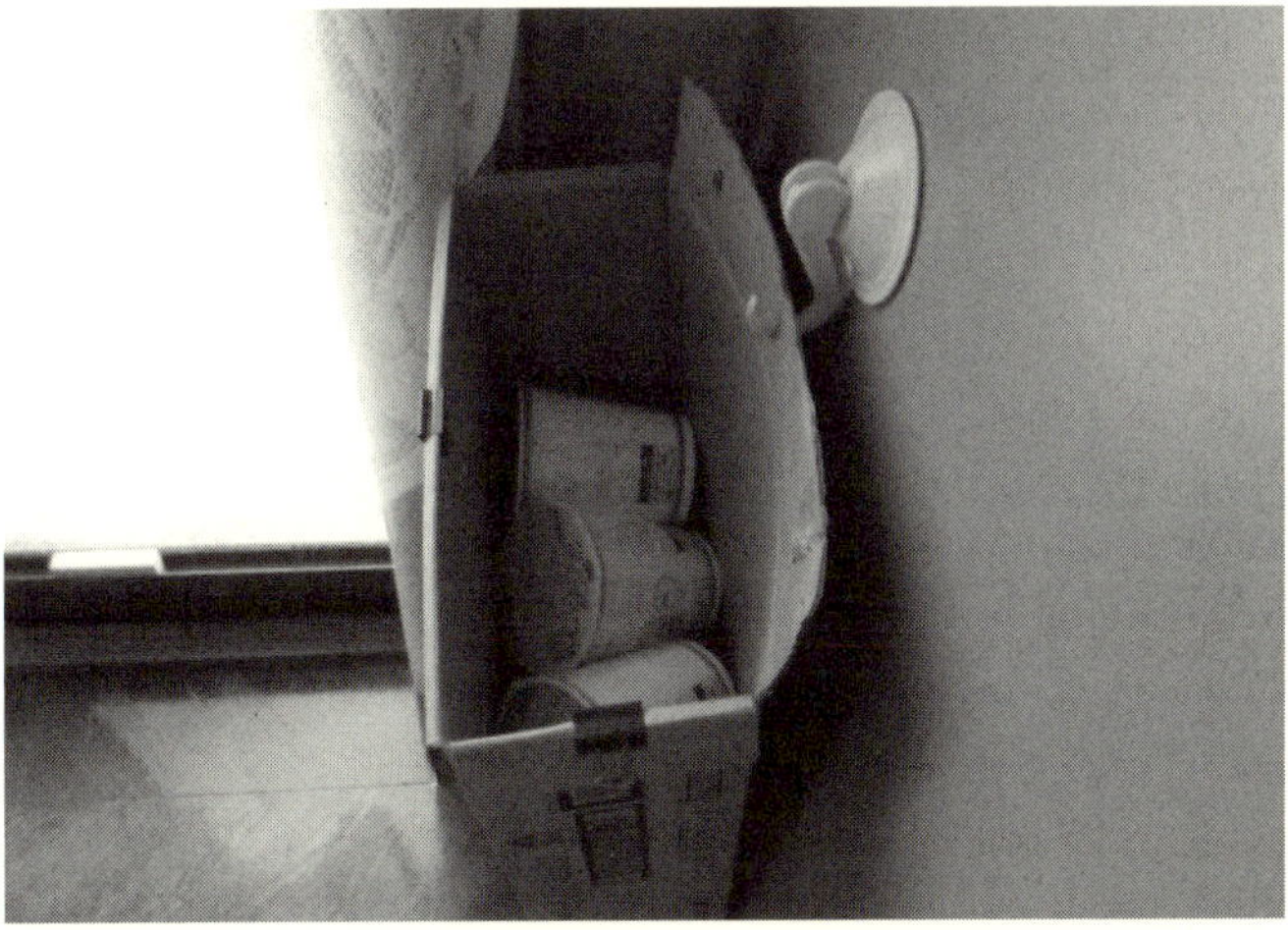

段ボール箱を取り出しやすい高さに固定して
３辺を折り曲げて１個ずつ取り出しやすいようにしました。

ル箱から部品を取り出して組立ライン用のトレイなどに載せ替えるムダを削減できます。部品メーカーも梱包時間が不要になるメリットもあります。即ち、双方でコストダウンができます。

しかし、少量品などは通い箱での運用が難しいので段ボール箱での入荷となります。この場合、段ボール箱の状態で組立ラインに出すと組立ラインでの手間がかかるため、部品入荷時に段ボール箱を開梱して部品を組立ライン用のトレイなどに載せ替えます。

この場合、載せ替えはムダな作業ですので、このような場合はできるだけ段ボール箱の状態で組立ラインに出せるように部品メーカーに詰め方を変更してもらったこともあります。

つまり、組立ラインで取りやすいように部品メーカーに詰めてもらうのです。部品メーカーも余分な動作が発生しなければ、同じコストでできます。自分のところに都合が良い詰め方を部品メーカーに提案したら、その方がコストが下がった例もあります。

家事も同じで、段ボール箱のまま保管すると食料品の取り出しに時間がかかります。しかし、段ボール箱を作業性の良い通い箱のようにそのまま使用する方法もあります。

一つやったのが、カップラーメンは段ボール箱のままでも軽いので、冷蔵庫の側面に取り付けたフックにかけて、上から1個ずつ取り出せるようにしました。このアイディアは実際の製造ラインでの改善をそのまま実行しました。これはヒットでしたね。

24 食料品の在庫管理

在庫を減らすと管理することも要らなくなり、スペースも少なくて済むのでロスが減るため、毎日食べる分だけ買うのが理想です。しかし、それは食料品が全て家の近くで買えた昔の話です。

今ではスーパーマーケットなどでまとめて買った方が安いので、どうしてもまとめて買うことになります。つまり、一時的に在庫が増えます。その分のスペースが必要になります。我が家でもジュースやカップラーメンなどはまとめて段ボール箱で買います。ビールも段ボール箱で買っていました。しかし、ビールは段ボール箱の中に6本入りの内装箱が4個入っています。

単品と6本入りでは単品の方が単価が高いので、24本入りの段ボール箱で買う方が6本入りより単価が当然安いと思っていました。しかし、ある時に私がいつも行くスーパーマーケットでは6本入りも24本入りの段ボール箱も単価は全く同じであることに気がつきました。全く同じであることに気がついてからは、勿論6本入りを買うようになりました。毎週6本入りを1個ないし2個買っています。重いものを持ち運ばなくても良いので買い物も楽になりました。

ジュースは段ボール箱で買ってから、段ボール箱を開梱して飲料置き場に置きます。ジュースの段ボール箱もビールの6本入り内装箱も開梱してから飲料置き場に置きます。つまり、キッチンには段ボール箱での保管はしません。

しかし、カップラーメンなどの重量が軽いものは、段ボール箱ごと冷蔵庫などの側面に吸着板式のフックなどを使って吊り下げておき、そこから必要分を取り出します。つまり、段ボール箱を置き場として使っている訳です。

25　冷蔵庫は倉庫ではない

ものづくりでは、各工程の最後にある工程完成品の置き場所を「ストア」と言います。ストアは最大の置く量が決まっています。一方、後ろの工程のものの置き場所を「レイゾウコ」と言う場合もあります。後ろの工程は自分の工程で使う分だけを前の工程の「ストア」から持ってきます。

前の工程は後ろの工程が引き取った分だけ作ります。これを後工程引取方式と言い、進んだ工場のものづくりで取り入れています。在庫を最小限で運用できる生産方式です。これに対して、前の工程が作れる分だけ作って後ろの工程に送る方式を押し込み方式と言います。

後工程引取方式は在庫が一定以上に増えませんが、押し込み方式であると後ろの工程に関係なく前の工程が作るので、後ろの工程がトラブルなどで停止していても作ります。その結果、前の工程と後ろの工程の間の在庫がいっぱい増える訳です。

皆さんはどちらの生産方式が良いと思いますか。そうです。後工程引取方式ですね。何故なら、後工程引取方式は在庫が最小限で済むからです。

我が家ではビールやジュースなどの飲料は、その日に飲む分だけしか冷蔵庫に入っていません。冷蔵庫への補充は飲んだ人が飲んだ分だけ入れる決まりになっています。つまり、後ろの工程である飲んだ人が飲んだ分だけ冷蔵庫の横の在庫から補充します。

以前は冷蔵庫に入る分だけ入れていたのですが、この方法によって冷蔵庫が広々と使えるので、ものの出し入れにムダが発生しません。

飲料は冷やすのが目的なので在庫は常温保管できます。しかし、食料品の生ものや冷凍品は冷蔵庫に入れないと保管できませんので買った分だけ冷蔵庫で保管することになります。量を多く買うことは安く買えるので否定はしませんが、必要以上の大量買いは止めた方が良いと思います。

やはり、冷蔵庫は我が家のように常温保存できる飲料などは使う分だけ保管するのが賢い方法だと思います。

26　食器洗い乾燥機

近くの大きな電気店に行っても食器洗い乾燥機を探すことができず、店員さんに聞いて展示場所に行きましたが、分かりにくい場所に僅か2台だけしか置いてありませんでした。意外と大きいものというのが感想です。洗濯機の乾燥と同じようにこれも乾燥に時間がかかるようです。

これも我が家にはありませんし、購入を全く考えたこともありません。ものづくりでは手作業では汚れが取れないものを洗浄機に任せたり、外部に依頼することがありますが、我が家では家族で食べた後の食器ぐらい自分たちで洗うものと思っています。

我が家では料理中に使った調理器具や食器などを使い終わったら、煮たりしている時間など空いた時間を有効活用して、洗ってシンクの横の食器カゴに立てていきます。全部食べ終わってから全ての調理器具や食器などを洗うことはしません。

全ての調理器具や食器がシンクに入っていると、取り出すのにも洗うのにも時間がかかります。数が少ないと時間が少なくて済みます。料理中に少しでも手待ちの時間があったら使ったものを洗います。時間を少しでもムダにはしません。

食器洗い乾燥機は食器だけの対象で鍋などは洗えないというデメリットがあるようであり、乾いた後に食器を食器棚に収納する際に食器洗い乾燥機の扉を開けて前から食器を取り出すのに作業性が悪く、我が家ではとても使える代物ではないと思っています。

新築やリフォーム時にシステムキッチンに組み込む場合もあるようですが、シンクの下に配置するので作業が中腰姿勢になるために体に負担がかかり、作業性も良くありません。

シンクの横に食器カゴを置いて洗えば作業性も良いし、食器棚にしまうのも作業性が良いです。

やはり、ムダなお金は使わない方が賢明だと思います。お金を外部に流出するより家の中で使った方が良いと思います。

27　ものづくりの7つのムダ

ものづくりでは、ムダを次の7つに分けています。

①つくり過ぎのムダ

仕事の進み過ぎによって発生するムダであり、最悪のムダとされています。

②手待ちのムダ

作業したいけれど部品や材料が届かない、まだ加工が終わらないので次の作業ができないと言った手待ちになるムダです。

③運搬のムダ

必要以上の距離の長い運搬や何度も運搬するムダのことを言います。

④加工そのもののムダ

機能上は加工しなくても良いようなところまで加工しているムダです。

⑤在庫のムダ

適正在庫を超えた在庫を持つことを言います。材料、工程途中、製品在庫などがあり、経営を圧迫するムダになります。

⑥動作のムダ

歩行や載せ替え、無理な作業姿勢などで発生するムダを言います。

⑦不良をつくるムダ

不良を発生させることにより材料や作業時間のムダになります。

この中では、つくり過ぎのムダを最悪のムダとしましたが、それはなぜでしょうか。つまり、ものをつくり過ぎると他のムダを覆い隠すからです。

不良が発生するとロスが大きいのですぐに問題を解決しなければなりませんが、ものをつくり過ぎていると代替品がすぐに準備できるので早く問題を解決しないようになります。

このようなことを繰り返していると経営を圧迫します。そのため、つくり過ぎのムダは最悪のムダと呼ばれています。トヨタではつくり過ぎを防止するためにカンバン方式を採用していますが、これは作る人達の緊張感を持たせる役割もしています。カンバン方式とは後工程引取方式をカンバンで運用する方法です。

このようなものづくりでのムダは料理にも応用できると思いますので、料理での比較を検討してみて下さい。多分、全ての項目で料理にも応用できると思います。きっと良いアイディアが浮かぶと思いますよ。

28　料理の自動化

片づけや掃除、洗濯、料理の改善をしてきて、これまでの家事全般が非常に楽になり、結果として時間が短縮されて、浮いた時間を他の有意義なことに活用できるようになったと思います。

しかし、更に時短して浮いた時間を有意義なことに使いたいと思うかも知れません。掃除と洗濯が汚れているところや汚れているものをきれいにすることに対して、料理はものをつくる創造性がある家事です。私たち夫婦はお掃除ロボットや衣類乾燥機、洗濯乾燥機、食器洗い乾燥機は否定していますが、ものをつくる料理の自動化はどうでしょうか。

昨年の秋に発売された新製品があります。実売価格で5万円ぐらいです。レシピを選んで材料を準備してスタート釦を押せば数十分後には出来上がります。

しかし、これも材料の準備は自分でしなければなりません。材料を自動的に刻んで出来上がれば確かに料理は自動化されますが、この製品では調理が自動化されるだけです。私はものづくりで部分自動化はメリットが出ないことを経験しています。

決して安くはないお金をかけて、調理だけの自動化でメリットが出ますかと言うことです。調理している時間に他のことができるかも知れませんが、今まで通りの調理をしていても他のことを並行してできます。そうしていた筈です。

ビジネスの世界では、お金をかけて自動化して浮いた時間を他の製品の生産に使えて、その投資を短期間で回収できるようになればお金をかける価値はあると言えます。

　しかし、家庭でお金をかける場合は、それに見合う効果がなければなりません。お金をかけて浮いた時間で働いて、お金をかけてもその儲けで投資した額を短期間で回収できる場合は自動化しても良いと思います。

　しかし、このように具体的にお金で計算できる効果がない限り、家事そのものにお金をかけるべきではないと思います。結局、自動化しても浮いた時間を有意義に活用できないのが殆どではないでしょうか。浮いた時間をただテレビを見ているだけに使うのなら自動化は止めた方が良いです。

　それなら、お金をかけないで、調理の組み合わせなどで時間を短縮する方が料理を考えるので楽しいと思います。浮いた時間を読書やスポーツなどの有意義な時間に使うのなら考える余地はあると思います。

　私が指導したＳＤカードの工場ではあらゆる改善をやり尽くしてアジアの工場にコストでも勝ってきましたが、更にコストを低減するには自動化であると考えていました。

　その工場では数千万円をかけてＳＤカードの組み立てを自動化しましたが、手作業であると組み立てに2.4秒かかっていたものを2.0秒で組み立てできる装置になりました。したがって、自動化で人より早く組み立てできるようになった訳です。

別の工場ではSDカードの組み立てを最初から自動化しました。しかし、組み立てに4.0秒かかりました。つまり、手作業でのノウハウが無かったためにコストパフォーマンスの悪い装置になった訳です。

前述の工場では手作業でのノウハウを自動化する装置に対して仕様を組み込めたので、コストパフォーマンスの良い装置になりました。つまり、お金をかける前にお金をかけない改善をやり尽くしてからお金をかけると良いものができると言う訳です。

料理では家庭の仕様に基づいて調理家電を作るとべらぼうな金額になって現実味がありません。今回の新製品は料理の中の調理だけの部分的な自動化です。近い将来、材料を丸ごと放り込んだら出来上がる料理家電を期待しましょう。

29　料理の時短は永遠に

これまで掃除、洗濯、料理について改善してきました。掃除はものを徹底的に無くすことでものすごく時間短縮できたことに気がつくと思います。洗濯では必要なものをまとめて手元化することや畳むことを止めることなどで時間短縮できました。

料理も事前準備（段取り）、手元化、間締めで時間短縮できたと思います。しかし、家事では料理が圧倒的に時間がかかります。更に時間短縮したいですね。それには、料理の付随作業時間とムダを減らすことに尽きます。

子どもは何故おもちゃを片づけないのかわかりますか。答えはおもちゃでの遊びの再開にすぐに取りかかれることです。散らかしたままであるとそのままおもちゃで遊べる訳ですね。

ここにヒントがあります。料理もすぐに料理そのものの正味作業に取りかかれることです。この考え方で料理の時間短縮に取り組みましょう。

ものづくりではスタートと同時に正味作業に取りかかれることを目指しています。料理も同じですね。料理のスタートと同時に切る、煮る、焼くなどの正味作業にすぐに入れれば料理の時間を短縮できます。

そのためには事前準備（段取り）がものすごく大切になります。朝食を作る時に昼食の準備、昼食を作る時に夕食の準備、夕食を作る時に翌日の朝食の準備ができれば時間短縮できます。

料理が掃除や洗濯と違うところは創造性がある家事であると言うことです。料理の質を落とさずに美味しい料理を早く作るには正味作業よりも付随作業やムダの時間短縮に着目して改善していきましょう。

コラム5　立ち作業と座り作業

皆さんが毎日行っている掃除や洗濯、料理のどれをとっても立ち作業ですね。どれも歩かないとできない作業なので立ち作業になっています。日本のものづくりは、昔は座り作業が多かったのですが、現在は殆ど見かけません。

しかし、テレビなどで海外の工場で若い女性がライン作業を座り作業で行っているのをご覧になった方も多いと思います。日本でも昔は現在の海外と同じような姿を見かけたのに現在は見かけないのは何故だと思いますか。

答えは、作業の範囲が広がったので歩行する必要性が出てきたからです。ライン作業では完全に作業時間を各作業者に均等に配分することはできません。1人1人の作業の中で大小はありますが、手待ちになる人が多く出てきます。

人が多ければ多いほどライン全体での待ち時間は多く発生します。このようなことをやっていると海外に負けて生き残れませんので、作業者１人分の仕事をできるだけ均等に配分するようにしました。

その結果、ラインの出力を落とさないようにするには、手が空いている人が作業が遅れている人を助ける必要があります。そのためには作業者が座っていては助けることができないため、座り作業から立ち作業に変更された訳です。

日本の会社では製造現場だけではなく、事務所の人も座り作業から立ち作業に変更した会社もあります。これは、現場などからの呼び出し時に早く行けるというメリットがあります。

テレビで見た国内の工場では、ミシンを立ち作業で行っていました。部分ごとのミシン作業を作業者が次のミシンに持って運ぶためです。

また、私は以前の会社で会議の立ち会議化を実行したことがあります。このメリットは会議が早く終わるということです。このような改善をして日本のものづくりは生き残りにかけています。

第6章　ちょっとしたことが家事時短につながる

ここでは、掃除、洗濯、料理の3大家事以外の日常のちょっとしたことで家事の時短に繋がることを紹介します。ちょっとしたことを馬鹿にしないで下さいね。ちょっとしたことの積み重ねが家事時短に効いてくるのです。

1　雑誌は見たら再生紙、本は売却

私は、月刊の専門誌を2冊、本は月に5冊ぐらい読んでいますので、特に本はすぐに溜まっていきました。以前は専門誌は1年間溜めておいて1年経過後に新聞のチラシと一緒に再生紙に出していましたが、今回の片づけ後は読んだらすぐに再生紙に出すようにしました。つまり、新聞のチラシと同じ扱いにしました。

従来は、また読むだろうと思い1年間だけ保管しておきましたが、結局、読むことは殆どなく、気になるページはスキャナーで撮ってPCに保管するようにしましたので、1冊読んだら新聞のチラシと同じように再生紙行きとしました。そのため、我が家のリビングにはマガジンラックはありません。

一方、本は読んだ本が数百冊本棚などに保管されていましたが、これも今回の片づけ時にもう一度読む可能性がある本数十冊を除いて売れる本は全て売りました。結局、本のスペースは1／10になりました。以前は本箱だけでは足らずにいろいろなものに収納していきましたが、今回の片づけで本の収納庫が不要になりました。

その後も月に5冊ぐらい読む本は、読んだら最低でも本屋さんに行くついでに1ヵ月ぐらいで売りに出しています。これが習慣になると当たり前のように売るようになります。ちょっとした小遣いにもなります。

本の売値も分かってきました。一般書に比べてビジネス書は相当安いです。漫画が高いのにビックリしました。要は、需要があるものは高いということになりますね。そう言えば、本屋さんの漫画売り場は相当なスペースを占めています。漫画はそれだけ売れるということでしょうか。

本が少なくなったので掃除する時間も減りました。置き場所の確保も考えなくて済みますので少なくすることは大きなメリットになります。

2　ゴミ、再生紙などは最短で出す

私が住んでいる地区は可燃ゴミは週に2回出すことができますので、必ずその時に出すようにしています。新聞やチラシ、雑誌、段ボールなどは週に1回出します。金属などの資源物は2週間に1回です。

最近、ゴミ処理場が新しくなって紙とプラスチックを分別する必要が無くなりました。以前はゴミ箱が2つあったのですが、1つになり、捨てる時の時間も短縮されました。また、ゴミを出す時の時間も短縮されて喜んでいます。

このように決められた日に最短で出すようにしました。そうすることによって溜まった時に発生する家事のムダが無くなりました。ものと同じようにゴミも少ないのに尽きます。ゴミと言いますが、燃えるゴミ以外は再生あるいは資源なんですね。早く世の中の役に立つようにした方が良いと思います。

以前は、新聞などは1ヵ月ぐらい溜めて出していましたが、家の中に溜める場所がないので家の外に置いていました。括るのに時間がかかり、出す時も重いので苦になっていました。しかも、燃えるものが家の外に置いてありましたので防犯上も良くありませんでした。

この最短で出すのも習慣になると当たり前のようになり、気分も良くなっていきました。現在、溜めている人は早く出す習慣に替えるべきです。良いことは実行していくと、小さなことでも積み重なると大きな効果になります。

3　食料品以外の在庫管理

我が家では食料品以外で在庫管理が必要なものはプリンターのインクがあります。仕事の関係上家で書類を作成して印刷することが多くあり、プリンターを毎日のように使います。

我が家で使っているプリンターは6色であり、最初は6色セットのインクが単品で買うより少し安いので、6色セットを買っていました。

しかし、インクの色によって使用量に大きな差があり、同じ色のインクが何個も溜まるようになりました。

以前使用していたプリンターが寿命で廃棄する時も未使用インクが数個残っていましたが、

6色の在庫状況が一目で分かります。

使い道が無いのでもったいないけど廃棄しました。

そのためにある時期からインクを単品で買うようになりました。現在は6色とも各1個の在庫になっており、各1個の在庫が無くなると買うルールに改めましたが、管理が非常に楽になりました。つまり、後工程引取方式になっていますので、在庫は1個しかありません。

購入時は、交換した使用済みインクを家電量販店に持って行き、同じものを持ってレジに行き、使用済みインクを1個10円で引き取って貰います。購入間違い防止にもなります。

我が家では何でも一番安い方法で買うのが当たり前になっていますが、プリンターのインクだけは少し高いですが、単品で買っています。インクにも使用期限があり、またプリンターの寿命もあるので余ったインクが使えない状態になることを考えると、インク代をトータルすれば単品で買うのも6色セットで買うのもほとんど差が無いと言えます。

4　家事を邪魔する電話の出方

家事中は携帯電話を近くに置いておきます。携帯電話にかかってくる電話は、間違い電話以外は必要な電話ですので、家事中であってもいつでも出られるようにしています。大事な要件も多くありますので家事中であっても出た方が良いと思います。

やっかいなのが固定電話です。最近は固定電話を新しく引く人が少なくなってきているようであり、我が家でも固定電話からかけることは全くと言っていいほどありません。必要ないからです。そのため、受信専用となっていますが、かかってくるのは殆どがセールスか勧誘の電話です。

固定電話を止めようと思っていますが、固定電話しか番号を知らせていない人もいますのでまだ残しています。数年前から書類などに記入する連絡先は携帯電話の番号を記入していますので殆どかかってくることはありません。

ということで、我が家の家事中の固定電話には、ある回数以上鳴らないと出ないようにしています。ある回数は多分家によっても違うと思いますので一概には言えませんが、傾向を掴むとドンピシャであたります。この対策で電話での家事の中断が防止できます。

家事は一旦中断してしまうと再開した後のロスが大きいので、できるだけ一気にやりましょう。このような小さなことでも家事の時短はできます。

5　家事を邪魔する人の対応の仕方

家事の途中で訪問者に邪魔されるのも嫌なものですね。本当に大切なお客様なら仕方がありませんが、セールスや勧誘などで邪魔されると家事が途中で切れて、再度スタートしてもリズムが乱れて時間以上のロスが発生します。

以前、我が家には、不必要な訪問者が多くありました。何か良い方法はないのかと考えていたところ、アイディアが浮かんだので少し工夫してみました。一つは、門扉への１枚の小さな表示です。押し売り、セールス、勧誘のお断りの表示です。

この表示札設置後は外国人の１件のみの訪問になりました。

妻からは効果が疑問視されていましたし、私もどれほど効果があるのか分かりませんでしたが、１枚２５０円で購入して門扉に取り付けました。

以前は最低でも1週間に1回は不必要な訪問者の訪問がありました。しかし、表示を取り付け後、約1年経ちましたが、迷惑な訪問者は1回だけです。外国人の方でした。こんなたった1枚の表示ですが、これは効果がありました。

次に冬の夕方は日没が早いので防犯も兼ねてセンサー付きのライトを購入して門扉付近の上方に取り付けました。日没後も訪問者に門扉のその表示が読めます。これも効果がありました。この2つで不必要な訪問者による家事の邪魔をされなくなりました。

皆さんも一度試されてはいかがでしょうか。意外に効果があります。

6 家事中の宅配便などの対応

これは必要な訪問者ですので、家事中であっても対応しなければなりません。住んでいる団地内で空き巣があり、防犯対策として行った内容ですが、結果的に家事の中断によるロスが減少した例です。

防犯対策として、侵入者を検知するために門扉の後ろ側の上方に防犯カメラを取り付けました。インターホンと連動するタイプであり、無線方式ですので工事も自分で簡単にできました。センサーが付いていて人を検知すると防犯カメラのチャイムが鳴るのと同時に室内もインターホンの親機のチャイムが鳴ります。

これによって、家の玄関に来る前に訪問者が来たことを知らせてくれますので事前に対応ができます。心の準備ができます。また、玄関にインターホンが取り付けてありますが、これも防犯対策で広角カメラ付きのものに替えました。

玄関横にカメラを設置しました。

インターホンの親機で玄関の様子が分かります。
もちろん、子機でも分かります。

通常のカメラですと、チャイムを鳴らしてインターホンに出ても訪問者の立つ位置によって誰なのか分からないことがあります。しかし、広角カメラ付きですと、どこに立っても姿が映りますので予め誰なのかが分かります。インターホンで話をする前に、例えば宅配便の人が来たのが分かりますので心の準備ができます。

したがって、対応が早くなり、家事中断の時間が減ります。広角カメラ付きインターホンと防犯カメラで数万円で購入できますので、防犯対策と家事時短を検討される時に、現在のものを取り替えることも検討されるのが良いと思います。

我が家ではインターホンが古くなったので買い替えましたが、広角カメラ付きと防犯カメラが連動できるものにしたので良かったと思っています。もう少し安いものもあったのですが、少し高いものにして良かったと思いました。買い替え時には今後の拡張性も考えて購入した方が良いでしょう。安物買いの銭失いにならないようにしたいものですね。

7　家電のコンパクト化

妻が今までやっていた家事を私が行うようになって、特に冬に家事の大変さを感じたのが石油ファンヒーターです。我が家には石油ファンヒーターが3台と電池レス石油ストーブが1台あります。

電池レス石油ストーブの使い道は、災害時の暖房です。石油ファンヒーターは3台ありますが、1台目が販売していた製品の中で一番容量が大きい機種、2台目と3台目が容量が半分程度の機種です。特に1台目の大きい機種の取り扱いに困っています。

まず、大きいこと。次に重いこと。そのために押し入れから出すこと、しまうことに負担がかかります。また、通常の使用ではタンクに灯油を補給する時の取り扱いに不便さをものすごく感じています。結局は家事が大変になります。

そのために1台目の失敗から2台目と3台目はコンパクトなものにしましたが、正解でした。段々と1台目を使わなくなりました。結局、投資したメリットがあまり出ていません。

ものづくりでは海外に勝つために日々改善が行われており、設備のレイアウト変更も頻繁に行われていますが、大きな設備は移動が大変でお金がかかるために、最近は機能を絞ったコンパクトな設備を導入することが多くなりました。

扇風機は軽いし燃料の補給も要らないので大きくても特に問題ありませんが、燃料の補給が必要な暖房器具はコストや取り扱い上できるだけコンパクトなものにした方が良いと思います。

8　家事のアウトソーシング

家事の負担を減らすために家事をアウトソーシングするテレビ番組や書物を見ることがあります。自分の時間を増やしたいとか働くためとか、いろいろ理由はあるようです。

私の考えは、徹底的に家事を改善して時短した後に、それでも働いてお金を得るためには家事をアウトソーシングしなければ物理的に無理な場合で、家事をアウトソーシングして外部に流出するお金より、働いて得るお金の方が多い場合は、アウトソーシングしても良いと思っています。

ただし、徹底的に家事を改善して時短した後です。改善もせずにアウトソーシングすることは、レベルの低いものづくりの会社が改善もせずに外注化するのと同じです。そういう会社は倒産します。これは避けなければなりません。安易に外注化しないようにしましょう。

働く前にやることはあるのです。家事も立派な働くことと同じだと思っています。外で働くのか家の中で働くのかの違いだと思います。まずは家事を徹底的にやってみてはいかがでしょうか。

その後で外で働いてみるのも良いと思います。

コラム６　改善の積み重ねが改革に繋がる

改善は「完成した時点が新たなスタート地点」と考え、生き残るために常に危機意識と緊張感を持って、常に走り続けることが大切だと思います。ある会社の会長は「革新よりも改良。ホームランばかり狙っていてはヒットは生まれない」と言っています。

その会社のヒット商品である有名な製品は20年で20回以上の地道な改良を続けています。革新ができればそれに越したことはありません。しかし、革新はそんな簡単にできるものではありません。革新、革新とＴＯＰが叫んでできていたら、どこでもやっています。

私の考え方も全く同じであり、イノベーション（革新）よりインプルーブ（改良・改善）。改良を続けることで革新ができる。改良を続けていたら、気がついたら革新になっていたという流れが良いと思います。

世の中、改革ばやり。どうもことばだけが先行している気がしてなりません。いくら機械化されても最後は人が判断したり、調整を行います。必ず人がいます。「意識改革」が大切と言われますが、まず「意識改善」だと思います。「意識改善」の繰り返しが「意識改革」になると思います。

「改善」と「改革」の違い。「改善とはムダの絶対量を減らすこと」、「改革とはムダの根源を絶つこと」。「改善」が積み重なると「改革」になります。

第7章　新築やリフォーム時に考えたい家事時短の間取り

この章は、これから新築やリフォームをされる方の参考になる間取りを説明していきます。この通りにやれば片づけも家事時短にも効果がある家づくりができます。しかし、金銭的制約や土地の制約などがある場合は、少ない投資で大きい効果を目指して間取りを考えていきましょう。

今までの章でまだ具体的に家事時短のイメージがわかない方は、この章を読まれると俄然イメージがわいてきて、より具体的な行動が見えてくるかも知れません。

1　1階で全て済ませる

家事時短はこれに尽きると思います。家事を全て1階で済ませるプランです。水回りは1階がベストなので1階に家事関連を全て集めました。南側は必然的にリビングや和室、ダイニングのスペースになりますので、北側はキッチンやお風呂、洗面所、ランドリースペース、トイレと着替え室を配置します。物干し場は、南側の和室、リビング、ダイニングの内の何れかの外になります。

玄関は、土地の形状により北側になったり、南側になったりしますが、玄関横には必ず押し入れ（もの入れ）を配置しましょう。家の外に出す必要がある新聞紙やチラシ、段ボール箱などを仮に置いたり、緊急時に使用する防災用品を置くのには玄関の近くが便利です。

残りの部屋が2階になります。寝室と子ども部屋、トイレです。したがって、2階は個人の部屋となり、勉強したり寝る所になります。したがって、昼間は使わない場所になりますね。

衣類は下着やパジャマがランドリースペース、その他の衣類は着替え室に置きます。子どもが大きくなって自分の部屋で着替えたい場合は、学校からの帰宅時に着替え室から2階の自分の部屋に持って行くようにすれば良いでしょう。

子どもが小さいうちは、1階の着替え室で家族全員の着替えを済ませることができると思います。つまり、洗濯物をしまう場所は下着類を1階のランドリースペースと、それ以外の衣類はすぐ近くの着替え室にするのです。これによって洗濯物を「しまう」時に場所が分散せずに洗濯がものすごく楽になります。やはり、場所をまとめることだと思います。

2　洗濯（洗う・干す・しまう）場所を1ヵ所にまとめる

洗濯物を「洗う」、「干す」、「しまう」の場所を1ヵ所にまとめるのが一番良いのですが、現実的には「干す」がどうしても南側になってしまいますので、北側の「洗う」、「しまう」と離れてしまいますね。

しかし、その場合でも物干し場所へ行く時にどこを通って外に出るのかを考えて、外に出る場所に外へ出るための工夫が必要になります。例えば、ダイニングの掃出し窓から出たところにウッドデッキなどを設けて、そこに洗濯物を干すようなことを予め考えておく必要があります。

ウッドデッキを設けることができなくても、予め物干し場所は考えておきましょう。洗濯は料理に比べて動く範囲が広くなりますので、事前に行動動線をよく考えておくことが大切です。

そうしないと、家を建てた後から家事にロスが出てしまいます。

我が家では、晴天の場合は南側の外に干しており、曇天の場合は南側のテラスに干しています。雨の日はランドリースペースに干す場所がありませんので、リビングと和室の境に干しています。

我が家ではダイニングとテラスに50㎝ほどの段差があるので、ブロックで階段を作っていますが、段差が無い方が洗濯物を持ち運ぶのに楽になりますので、いろいろな制約があると思いますが、検討した方が良いでしょう。

洗濯の効率化は、「洗う」、「干す」、「しまう」をできるだけ近くにまとめることです。毎日のことですので、せっかく家を建てたり、リフォームするのなら見栄えだけではなく効率をよく考えた方が良いと思います。

3　家事スペースを設ける

ランドリースペースには、2人が同時に歯磨きができる洗面台と、下着やパジャマなどを家族全員分収納できる棚、タオルやバスタオルを収納できる棚、洗濯機、物干し場などが必要です。物干し場は雨の日には室内干し場所になりますが、洗濯後のハンガーなどへの衣類をセットする場所や乾いてから取り込む場所にもなります。

洗濯機から洗濯物を出して、手元に用意されているハンガーなどにセットして物干し場の竿にかけます。全部かけ終わったら、そのまままとめて屋外の物干し場に持って行きます。乾いたらそのままランドリースペースの物干し場の竿にかけて、下着やパジャマなどは１枚ずつハンガーなどから外して畳んで個人別に棚に収納します。

他の衣類はハンガーのまま着替え室のハンガーポールにかけます。こうすることによって、ダイニングやリビング、和室などでの作業姿勢が悪い状態での作業から解放されます。

また、室内干し場の洗濯物が無くなった状態でアイロン台がワンタッチでセットできるようにしておけば、この場所でのアイロンがけもできるようになり、洗濯にまつわる全ての作業ができるようにするのがベストです。

欲を言うと、この家事スペースの延長でデスクやＰＣなども置けて家計簿をつけたりする主婦スペースができると家の家事担当部長の主婦の方にとって家事の効率化がはかれると思いますが、これはお金との相談になると考えます。この場合、デスクに椅子は要りません。立ち作業で全てのことができるようにすれば良いです。

しかし、これからせっかく家を建てたり、リフォームするのですから、家事スペースは設置したいものですね。

4　キッチン・ダイニングとリビング・和室を分ける

キッチンは料理を作るところであり、ものづくりに例えると製造現場になります。ものが溢れている場所であり、生活感がものすごく出る場所です。次にダイニングですが、ここも家族全員で食事をする場所であり、生活感が出る場所ですね。

一方、リビングは家族での団らんやお客様を招く場所であり、スッキリしていて一番生活感のない場所になります。和室もリビングと同じような場所になりますが、お子さんが小さい時はそこで寝たり、遊ばせたりするのにとても都合が良い場所ですね。

しかし、和室の布団は翌朝押し入れにしまいますので、日中は子供が遊ばない年齢になったら、何もないスッキリとした場所になります。

したがって、この4つの部屋がＬＤＫと呼ばれるように繋いだ部屋になっていると、とても中途半端な家になってしまいますね。キッチンやダイニングをリビングのようにスッキリさせようとしたら、ものすごいロスが発生してしまいます。ロスを承知で片づけてもスッキりしません。そもそも機能が全く違うのですから。

つまり、キッチン、ダイニングとリビング、和室は全く別物であり、キッチリ分ける必要があります。分ける方法は我が家のようにガラス戸で分ける方法の他に段差を設ける方法や階段で分ける方法が考えられます。

つまり、（和室・L（リビング））＋（D（ダイニング）・K（キッチン））です。こうすることによって、スッキリ感と片づけ感が得られるとともに家事の時短が可能になります。

リビングと和室はものが何も無い部屋、キッチンとダイニングはものがある部屋です。ものが無い部屋はいつも片づいており家事の手間がかかりません。ものがある部屋は家事をする場所です。その部屋をものが無い部屋のようにしたら、通常の家事の他に余計な時間がかかってしまいます。

皆さんは家事を楽にしようとしているのですから、余計なことはしてはいけないのです。

5　キッチン・ダイニングのレイアウト

キッチンとダイニングの関係はとにかく近いことです。キッチンで作った料理をダイニングに運ぶわけですから、運搬距離を短縮しなければなりません。

一番良いのは、作った料理をカウンターに並べてそのカウンターから作った人が取るか、食べる人本人が取ればキッチンからダイニングまで歩いて運搬せずに済みます。

また、ダイニングは家族全員の食事場所の他に、家族全員の共用のものを置く場所にします。我が家ではダイニングにはダイニングテーブルの他に文房具などを収納するキャスター付きの収納ラックとノートＰＣ２台が置ける補助テーブルとプリンターや印刷用紙などのＰＣ関係を置くＰＣラックが設置されています。

また、ダイニングで使用する卓上ガスコンロやホットプレートをノートＰＣ２台の下に置いています。

ダイニングで使用する調味料は、ダイニングテーブルに置きっぱなしにはせずに料理と一緒に毎回持って行きます。したがって、ダイニングテーブルには食事時間以外にはいつも何もない状態になっています。これなら、お客様が見えた時にガラス戸を閉めるとダイニングは全く気になりません。開けていても特に違和感はありませんが。

ダイニングテーブルは、食事以外ではノートＰＣを使ったり、新聞を読んだり、まとめものをしたりとデスク代わりに使っています。小さいお子さんがいらっしゃるご家庭では宿題などもここで可能です。食事だけで使うのはもったいないと思います。

ここでのポイントは、ダイニングはキッチンに近いこと、ダイニングにダイニングで使用するものが置けること、家族全員で共用するものが置けることです。そうすれば、リビングや和室には何も置かなくて済み、玄関、廊下からリビング、和室までものすごくスッキリとした空間になります。

6　キッチンの収納

キッチンで常時使用する食料品や調理器具、調理家電などは、膝上から目の高さの範囲に入っていなければなりません。使用頻度が少ないものはシステムキッチンの下の方や上の方に収納します。しかし、このように取り出しにくいところに置かれているものは殆ど使われなくなりますね。

料理の正味作業は殆ど短縮できませんので、料理の時短をするには付随作業やムダを短縮するしか方法はありません。要は、作業性を良くして料理を楽にすることです。レシピなどでは料理を楽にすることはできません。

料理で常時使用するものは殆ど決まっていますので、それが全て取り出しやすく戻しやすい場所にセットされている必要があります。この常時使用するものの定位置化が非常に大切です。

いろいろなメーカーからシステムキッチンが販売されていますが、メーカーの宣伝文句を鵜呑みにせずに自分で使いやすさを十分考える必要があります。システムキッチンを選ぶ時は、常時使用するものが膝上から目の高さの範囲に収まるかがポイントになります。

ものづくりでは設備の使いやすさやレイアウトを検討する時に設備の平面図を新聞紙で貼って作り、それを地面に並べてみます。こうすることによって、より具体的な位置関係が把握できるようになり、歩数なども明確になります。システムキッチンを検討する時に試してみてはいかがでしょうか。

システムキッチンはものを作る場所なので、見た目ではなく機能を最重視する必要があります。冷蔵庫やオーブンレンジ、炊飯器、食器棚などとの位置関係や準備場所や調理場所、配膳場所の確保ができるのかを考えて購入する必要があります。

7　パントリーは不要

食料品を収納する場所をパントリーと呼びますが、一般的にはキッチンの奥に設置する場合が多いようです。

しかし、これは不要です。改めて作る必要はありません。このような場所を作るとものが増えます。ものを減らして家事を楽にしようとしているのに逆効果になります。ものの置き場所は少な目にしてちょうど良いぐらいです。ハウスメーカーは儲かるので勧めたがりますが、相手の戦略に乗らないようにしましょう。

我が家は４人家族でしたが、食料品は食器棚の下の乾物、冷蔵庫横の飲料、炊飯器下のお米、冷蔵庫の中のものだけです。何れの食料品も正方形レイアウトのキッチンの中にあり、食料品を準備するのに時間がかかりません。

これをパントリーを設置して食料品をそこに置くと食料品を準備するために運搬のムダが発生します。また、食料品管理のムダも発生します。ムダを減らして家事を楽にしようとしているのに全くの逆効果ですね。

とにかく、ものの置き場所を作ると間違いがなくものが増えます。ものづくりの工場で、ものの置き場所を作ると必ずものが増えます。ものの置き場所は必要最小限にしましょう。ものづくりでは組み立てに使う材料は組立場所のすぐ近くに配置して無駄を減らします。料理も食料品はキッチンの中に必要最小限のものを置きたいものですね。料理は準備にかかる時間を減らすことです。準備にかかる時間が増えるアイテムは無くしていきましょう。

8　ものの収納計画

リビングには作り付けのクローゼットであっても作らない方が良いです。理由は何も置かないからです。和室は押し入れが必要です。玄関はクローゼットが必要です。廊下は玄関横に押し入れを作って防災用品や新聞紙や雑誌、広告などの一時置き場にすると良いと思います。

生ゴミや他のゴミは1戸建ての場合は勝手口の近くの目立たない屋外を一時置き場にすると良いでしょう。新聞紙や雑誌、広告などは玄関から出してゴミ集積場に持って行くと効率が良いです。

洗面所、風呂、トイレは近接すると思いますので、洗面所の脱衣場にはタオル、バスタオル、各人のパジャマや下着、トイレ関係の用品などを置けるスペースが必要です。また、洗面所には洗濯機からすぐにハンガーにかけられるスペースや部屋干しができるスペースを作ると良いでしょう。

欲を言えばアイロンもできると洗濯に関わる作業が全てここで済んでしまいます。更に天気の良い日の屋外干しの場所をランドリースペースに近いところを検討して下さい。

キッチンはシステムキッチンと冷蔵庫や食器棚、炊飯器などの調理家電のレイアウトを十分に検討する必要があります。また、その中に食料品をどのような配置で置くかも十分検討しなければなりません。

ダイニングは家族共用のものの置き場所を十分検討して下さい。そして、ダイニングで使用する卓上ガスコンロやホットプレートの置き場所も頭に入れておいて下さいね。

9　ホコリが溜まらない家

ホコリはなぜあんなに多く溜まるのでしょうか。ちょっと掃除しないとすぐに溜まってしまいますね。ホコリが無くなればものすごく掃除が楽なのにと思ったことはありませんか。しかし、ホコリは人間がいる限り発生しますので無くなりません。ホコリは空中を浮遊して障害物があればそこに落下して溜まっていきます。したがって、空中に障害物が無ければ、ホコリは全部床上に落ちます。掃除は掃除機で床上のホコリを吸い取るだけで済みますので、掃除がものすごく楽になります。

ホコリが溜まらない方法はあります。ものを無くすことが一番効果がありますが、ものを無くしても家の構造でホコリが溜まります。例えば、ドアの枠です。通常のドアの枠は壁より１㎝ぐらい出っ張っていますので、その部分にホコリが必ず溜まります。日常の掃除でそこを払わないとホコリが溜まっていきます。

新築やリフォーム時にこの段差を無くしてしまえば、必ずホコリは床上に落ちます。できるだけこのような部分を減らせばホコリは溜まりにくくなります。コスト的にどうか分かりませんが、上から見た時に出っ張りがないようにすれば良いのです。

我が家では、一番大きいものでグランドピアノがありますが、黒色でホコリが溜まるのがよく分かります。冬場は窓を閉め切りますが、春や秋は天気が良い日は窓を開けますので、この窓を開けた時に空気の流れが良ければホコリは屋外に出て行きます。

部屋の配置とともに窓の配置もホコリを溜めない家にするポイントとなりますね。ホコリを溜めないようにするには、新築やリフォーム時に工夫することと、日常の掃除でのホコリ払いが大切です。こまめにホコリを払えば溜まりませんから、手を抜かないようにしましょう。

コラム7　我が家の新築時の様子

我が家は今から30年前に新築しましたが、その当時の私の仕事は工場の生産性を向上させることであり、設備の改造や、設備の導入、レイアウト変更などを頻繁に行っていましたので、その経験を活かして家の間取りを考えました。金額的制約や宅地の制約などがあったものの80点ぐらいのできだったと思います。

しかし、ものづくりの経験はあったものの家事をした経験がありませんでしたので、今になって思うのは家事まで十分に考えられなかったことが反省点です。家事もやっておけば良かったと後悔しています。

料理はキッチンがコンパクトにまとめられているのでそれなりに上手くいっていると思い

ますが、洗濯の干す作業としまい込む作業でロスが出ています。

干す時はダイニングテーブルを使ってハンガーなどに洗濯物をかけていましたが、その後の改善により洗濯場で洗濯機からすぐにハンガーなどにかけるようにしました。しかし、しまう時は場所の制約上、ダイニングのテーブルやリビングのソファーを使っていますが、乾いた後のハンガーからの取り外しで作業効率が悪く、ロスが出て時間がかかっています。

料理はまだ範囲が狭いのでやりやすいのですが、洗濯は行動範囲が広いのでレイアウトや行動動線を良く考えないとロスが大きいことを痛感しました。新築時には家事のやりやすさも大きなポイントにして考えた方が良いですよ。

掃除はものを減らせば楽になります。料理はキッチンをコンパクトなレイアウトにしてダイニングを近くに配置すれば楽になります。一番難しいのが洗濯です。洗濯の「洗う」、「干す」、「しまう」の3つを近づける工夫をすれば、家事は劇的に楽になります。

これは自分で家事をやってみて分かりました。

第8章　家事時短の効果

最後に家事時短の効果です。ここまで取り組んできた内容でかなりの効果が出ていることを実感されているはずです。この章では、実感している効果と照らし合わせて、更に効果を出すにはどうすれば良いのかも含めて見ていきましょう。

1　空いた時間を趣味などに使う

ものづくりでは、改善により作業時間が短縮されても1人分の作業時間（160時間／月）が短縮できないと意味がないと言われています。それはなぜでしょうか。

それは定時間での作業の場合、作業時間がひと月150時間短縮できても10時間残ってしまっては、10時間分の人が必要です。10時間分の人はいませんので、結局は1人必要になり、会社の利益に貢献しない訳です。

これが残業している場合ですと、残業時間の短縮ができて利益が出ます。また、短縮した150時間で別の作業ができると利益が出ます。例えば、外注作業の内部取り込みです。したがって、1人分の作業時間が短縮できなくても、残業時間の短縮や外注作業の内部取り込みで利益が出ることがありますので、作業を改善することは進めなければなりません。

一方、家庭の場合は家事の時間が短縮できたとしても家庭に利益が出ることはありませんが、空いた時間でパートに出るなどすれば利益が出ます。また、今まで家事をアウトソーシングしていて、それが無くなれば外部に流出するお金が減りますので、家庭内での利益が出ます。

ものづくりでは、作業改善で人に時間ができた場合は教育を行います。今後のための投資です。家庭では家事時短で空いた時間を何に使うかが大切です。予め家事時短を行う前に計画してみてはいかがでしょうか。

家事時短で時間がせっかく空いたのに有効に使われないのではもったいないですね。空いた時間をただゆっくりしているだけではモチベーションも上がりません。空いた時間をこれからの人生のためにも有効に使いたいものですね。

2 モチベーションが上がる

家事を時短することによって、空いた時間で自分のしたいことができるようになると自然にモチベーションが上がりますね。何かをやったことにより時間ができるというのは本当に嬉しいものです。

ものづくりで自分でやった改善が最終的にコストや工期、品質、サービスに結びつくと嬉しいのと同じです。

家事が楽になった結果、家がものすごく片づいていますので、こちらから積極的にお友達などを呼んだりできます。今までは家が散らかっていて、お友達などを呼ぶこともなかったのが呼べるようになると、毎日の生活にも変化が出て良い方向に向かいます。

このように家事が楽になると毎日の生活にゆとりができる他に家が片づいているので心のゆとりも生まれます。心のゆとりが他の人との繫がりにも発展していき、良い関係が生まれると思います。

気持ちにも張りが出ると思います。読書や勉強にも励むかも知れません。モチベーションが上がり、良い人生を歩むことができると思います。

3　更に時短しようと考える

家事が時短されると空いた時間が趣味などの時間に有効に使われ、その結果、モチベーションが上がります。心もウキウキしてきます。更に時短をしようと考えるようになります。ものづくりも同じです。作業が改善を行って速くできるようになると速く作るのが楽しくなって、更に速く作ろうと改善します。更に速く作るにはどうすれば良いかと考えます。この考える行為が大切です。

岐阜にある中堅電気機械器具メーカーの社是は「常に考える」です。常に考える社風を作り上げました。何も考えないでただ指示通りに仕事するのと、もっと良い方法はないかと考えて仕事をするのでは、同じ仕事をするにしても結果に大きな差ができてしまいます。

更に時短しようと考えると考えることが楽しくなるはずです。楽しければ、人は楽しいことをするようになります。そうすると、それをまた実行に移して時短できると嬉しくなりますね。

上手くいかなかったら、別の方法をまた考えるでしょう。このように現状に満足せずに常に改善していく心がけが大切です。

4　それを見ている家族のモチベーションが上がる

家庭におけるお母さんの役割や存在は大きいですね。子どもはお父さんよりお母さんの方が接している時間が多いので、お母さんの姿をよく見ています。私も父親より母親の印象が強いです。そのお母さんのモチベーションが上がっているのを見ると、子どもは嬉しくなるものです。

自分も頑張ろうと思うようになるでしょう。家庭の中でのお母さんの存在価値はものすごく大きいです。逆にお母さんのモチベーションが低い状態を子どもが見ると、たまらなくなると思います。したがって、子どもにやる気のない状態を見せたり、言葉にしてはいけません。

家事という主婦の大切な仕事を頑張ってしているのを子どもが見ると、教育上も良いでしょう。お父さんは会社に行って仕事をしていますが、お母さんは家の中で仕事をしています。

仕事をするのはどちらも同じであり、お金をもらえるかもらえないかの違いです。

家事をアウトソーシングするとお金がかかります。お母さんはそのお金をもうけていると考えれば良いのではないでしょうか。機会があれば、子どもにそのような話をしてみてはいかがでしょうか。そのためには家事のアウトソーシングの相場を調べておくとより説得力が出ますね。

また、お母さんが一生懸命に家事を行っていることは、ご主人にとっても良い印象を得られて、母親の存在を頼もしく思うことでしょう。

まあ、お母さん次第で家族のやる気が変わります。とても責任重大です。

5　家族が幸せになる

このように家事時短はご家族に好影響を与えます。掃除も洗濯も料理もお母さん任せではなく、自分達でできるところはできるだけやるという心構えがあると家族全体の連帯感にも繋がります。

家事時短ができると、家族のコミュニケーションも良くなってくると思います。会社でもコミュニケーション不足で問題が起こったりします。逆にコミュニケーションが良いと更に関係が深まります。

家族のコミュニケーションが良くなると、家族の関係が更に深まります。悪いことはなかなか言いづらいものであり、それが問題を更に悪化させます。コミュニケーションが良いと、悪いことも報告できるようになると思います。

このように、家事時短ができた結果は、家族での各自の行動が積極的になり、コミュニケーションも良くなって、家族の関係は良い関係が築かれると思います。結局は家族が幸せになるということではないでしょうか。

家族を幸せにしようと思ってもなかなかできないものですが、家事時短に取り組まれた結果がご家族の幸せになれば有り難いものですね。

6　最後はこの本のおさらい

最後にこの本のおさらいをしましょう。

この本の主な内容を記載しますので、もう一度確認して下さい。

①掃除の時短

・ものを減らす。

・汚れないようにする。

・掃除しやすいようにする。

②洗濯の時短

・ものを摑んだら離さない。

・必要なものをまとめる。

・畳むのを止める。

・「洗う」、「干す」、「しまう」を近づける。

・家族についでに協力してもらう。

③料理の時短

・事前準備を完璧に行う。

・調理器具などの見える化を行う。

・レイアウトを間締めする。

・冷蔵庫を倉庫にしない。

・家族についでに協力してもらう。

コラム8　チームでのモチベーションアップ

チームで行う競技の場合、チーム全体が良い方向に向かうには、一人一人に与えた目標に対する個々人の責任感が必要になり、自分自身に念押しすることで人任せなどの甘さも減っていきます。

逆に今日はこの程度でいいや、今日はもういいやといった妥協が個人の心を覆った場合は、その暗い雲はチーム全体に波及します。特に上位の人（キャプテンや監督など）が妥協や諦めなどの心を持つと、それはダイレクトに下の人（選手達）に伝わります。

仕事も同じで鍵を握るのはリーダー的な立場にある人の責任感であり、そこから醸し出される空気であると考えています。ある雑誌に載っていた記事ですが、私達は日々の職務に於いて「愚痴を言う」、「言い訳をする」、「人の悪口を言う」など余計なことばを出してしまうことがあります。これらの言葉は「○○が駄目だから・・・」と自分のことは棚に上げて他人のせいにする類のものです。

これらを口に出すと自己の向上や成長が止まります。マイナスの言葉によって、いつしか自らが持っている能力や長所が削がれていきます。また、周囲から嫌われる存在にもなってしまいます。

逆に成長している人は「自分のどこがいけなかったのだろうか」と自己の反省点を探し出す努力をしています。このタイプの人は人間関係を円滑にさせ、周りの協力を得やすくしていきます。

職場はチームワークの力が大きな成果へと繋がるものです。チームワークを高める一助としてプラスの言葉を使い続けるのが良いと思います。しだいにその威力が発揮され、周囲の人達に好影響をもたらします。プラスのことばの通りに仕事が展開していくと心得たいものです。

私が運動指導をしていた時によく言っていたことですが、人の能力を「1」とするとモチベーションによって「0.9」になったり、「0.8」になったりします。「0.9」の人が3人のチームでは「0.9」×「0.9」×「0.9」＝0・729となり、本来あるべき「1」から「0.27」のチーム力が落ちることになります。

誰か一人でも「0.5」がいようものなら、他の人が全員「1」であったとしても、「0.5」のチームになってしまいます。チーム競技では各人のモチベーションがチーム力を大きく左右します。

したがって、上に立つ人はチームのモチベーションを上げるには、各人のモチベーションを上げることを考えるべきであり、各人のモチベーションが上がればチーム力は自然に上がっていくものです。

おわりに

最後まで読んで頂き有難うございました。家事の時短について詳しく説明してきました。しかし、家事は親の影響が大きいと思います。時代は大きく変わっているのに、私たちは自分の親世代が繰り返してきた昔ながらの家事を今までそのまま引き継いできたのではないでしょうか。

ライフスタイルや暮らしの環境も激しい変化を続ける世の中を、今までの伝承と経験だけで乗り切っていくことは難しいと思います。掃除機や洗濯機、冷蔵庫、調理家電が普及してきましたが、家事のやり方そのものはずっと変わっていないのではないでしょうか。

実は農業も同じだと思っています。製造業のように世界で生き残るために革新的な技術を生み出す業種とはかなりの差が出ていると思います。家事の延長が日本の農業なのではないでしょうか。

ものづくりの改善を業務としてきましたが、片づけを終わらせてから家事を行うにつれて家事の大変さを知り、更に家事の効率化が必要であることを悟りました。次第に家事の効率化を考えるようになっていきました。

掃除はものを少なくすることが家事時短の最大のポイントであり、洗濯は「洗う」、「干す」、「しまう」の位置関係、料理は事前準備と、「冷蔵庫」、「シンク」、「コンロ」の位置関係が時短のポイントになると言えます。

更に洗濯と料理は、ついでの作業でご家族に手間がかからない家事分担をして頂くのが、お母さんとしての家事の時短に繋がりますし、家族で家事を共有するという現代の新しい生活スタイルになるのではないでしょうか。

洗濯は、根本的には新築やリフォーム時に、時短を考えた間取りを検討されるのが一番良い方法ですが、現在の間取りでも改善は十分可能です。私も今度、家を建てるのなら、もう少し改善できるなと考えています。

これから家を建てる方はご家族全員で家事をやってみると良いと思います。家事の大変さが分かり、時間短縮のための間取りなどを考えるようになると思います。この本を読まれている皆さんはご家族にぜひ勧めてみて下さい。きっと良い結果が得られると思います。大切なことは、家事は雑務ではなく、家の中の仕事であると言うことです。

有意義な時間を作るために、家事は必要最小限の時間で済ませることに尽きると思います。そのためのベースになるのが片づけです。特に掃除の時短にものすごく効いてきます。

この本は、前作の「自宅が一流ホテルに大変身！」に続いて発行されました。家事の時短のベースにあるのは言うまでもなく片づけになります。片づけはものを少なくすれば効果が出ます。

片づけに続いて家事の時短に入って頂ければ、すんなりと家事の時短も進むと思いますし、更に片づけることも発生するかもしれません。この本が日頃の家事の大変さに悩む皆さんに少しでもお役に立てることを願っています。

最後になりましたが、出版に当たり株式会社栄光出版社の石澤三郎様には大変お世話になりました。ここに深く感謝申し上げます。

２０１７年７月吉日

辻　博文

辻　友美子

『参考文献』

◆「ものづくりの改善がものすごく進む本」　辻　博文著　明日香出版社

◆「自宅が一流ホテルに大変身！」　辻　博文、辻　友美子著　栄光出版社

ラク家事チェックシート

評価基準　◎：よその家の手本となる高いレベル（２点）
　　　　　○：実施できているレベル（１点）
　　　　　×：改善が必要なレベル（０点）

片づけ		評価	合計	課題・改善結果
1	要らないものを除いたか？			
2	要るものを使う場所で定位置化したか？			
3	定位置化は行動動線を考えているか？			
4	掃除ではなく、清掃になっているか？			
5	ものがある場所と無い場所に分けたか？			
掃除		評価	合計	課題・改善結果
1	掃除機をかけやすいようにものを浮かせているか？			
2	掃除機のヘッドがそのまま入るように工夫しているか？			
3	掃除ルートが決まっているか？			
4	掃除機のプラグをできるだけ抜き差ししないように考えているか？			
5	大掃除をしなくて済むようにこまめに掃除しているか？			
洗濯		評価	合計	課題・改善結果
1	洗濯に必要なものを洗濯機の近くに集めて配置しているか？			
2	朝、洗剤を入れれば洗濯機を回せるようにしているか？			
3	洗濯カゴを無くしたか？			
4	ハンガー収納しているか？			
5	「洗う」、「干す」、「しまう」の場所を近づけているか？			
料理		評価	合計	課題・改善結果
1	歩行距離の短いレイアウトになっているか？			
2	キッチンレイアウトの中に食料品の在庫を配置しているか？			
3	調理器具は手元化して見える化しているか？			
4	準備場所、調理場所、配膳場所が確保されているか？			
5	食器棚と冷蔵庫には空間があるか？			
総合計				判定

判定　A：30点以上　よその家が指導できるレベル
基準　B：20点以上　自宅のラク家事ができているレベル
　　　C：15点以上　あと少しのレベル
　　　D：10点以上　相当改善が必要なレベル
　　　E：９点以下　ラク家事の再勉強が必要なレベル

◆**著者略歴**

辻　博文：

三重県鈴鹿市出身で四日市市在住。東京芝浦電気株式会社（現株式会社東芝）に入社以来ものづくりの仕事に関わっており、産業用ロボットや産業用モーター、成長著しい半導体などに携わり、一貫してものづくりの生産性向上を追及してきた。株式会社東芝退社後は自動車用大型金型を生産・販売している株式会社明和製作所に入社し、生産革新推進室長として同社の経営変革に当たった。株式会社明和製作所退社後はものづくりで培った2S（整理・整頓）や改善内容を家の片づけや家事に展開して家事の生産性向上を追及してきた。現在は今までの経験を活かして企業の経営支援や小中学生のものづくり支援活動を行っている。「ものづくりの改善がものすごく進む本」（明日香出版社）や「自宅が一流ホテルに大変身！」（栄光出版社）の著書がある。現在、四日市市企業OB人材センターアドバイザー。

辻　友美子：

三重県四日市市出身。東京芝浦電気株式会社（現株式会社東芝）に入社後は受付業務に携わり、その中でお客様への接客を学んだ。同時に湯茶などの接待や業務の効率化を進めた。多くのお客様が一度に訪れることがたびたびあるので業務の効率化は最重要課題であった。株式会社東芝退社後は趣味のテニスの時間を作るために家事の時間短縮を精力的に努め、キッチンやダイニング、リビングなどのレイアウト変更を始め、料理、洗濯、掃除などの毎日の煩わしい家事のルーチン作業の効率化を進めている。「自宅が一流ホテルに大変身！」（栄光出版社）の著書がある。

ラク家事の極意

平成29年8月5日　第1刷発行

著　者　辻《つじ》　博《ひろ》文《ふみ》
　　　　辻《つじ》　友《ゆ》美《み》子《こ》

発行者　石澤　三郎

発行所　株式会社　栄光出版社

〒140-0002　東京都品川区東品川1の37の5

電　話　03（3471）1235

FAX　03（3471）1237

印刷・製本　モリモト印刷㈱

検印省略

乱丁・落丁はお取り替えいたします。

ISBN 978-4-7541-0160-2